STUDY ON KNOWLEDGE COMMUNICATION FROM NETWORK PERSPECTIVE

刘颖 著

# 复杂网络视角下的知识传播

Study on Knowledge Communication from Complex Network Perspective

中国人民大学出版社
·北京·

**图书在版编目（CIP）数据**

复杂网络视角下的知识传播/刘颖著. —北京：中国人民大学出版社，2012.3
ISBN 978-7-300-15434-3

Ⅰ.①复… Ⅱ.①刘… Ⅲ.①计算机网络—应用—知识传播 Ⅳ.①G2-39

中国版本图书馆 CIP 数据核字（2012）第 045380 号

**复杂网络视角下的知识传播**
刘 颖 著
Fuza Wangluo Shijiao xia de Zhishi Chuanbo

| | | | |
|---|---|---|---|
| **出版发行** | 中国人民大学出版社 | | |
| **社　　址** | 北京中关村大街 31 号 | **邮政编码** | 100080 |
| **电　　话** | 010－62511242（总编室） | | 010－62511398（质管部） |
| | 010－82501766（邮购部） | | 010－62514148（门市部） |
| | 010－62515195（发行公司） | | 010－62515275（盗版举报） |
| **网　　址** | http://www.crup.com.cn | | |
| **经　　销** | 新华书店 | | |
| **印　　刷** | 北京联兴盛业印刷股份有限公司 | | |
| **开　　本** | 720 mm×1000 mm 1/16 | **版　　次** | 2012 年 4 月第 1 版 |
| **印　　张** | 11.5 插页 1 | **印　　次** | 2024 年 6 月第 2 次印刷 |
| **字　　数** | 174 000 | **定　　价** | 64.00 元 |

# 目录
# CONTENTS

# 第1章 绪论

## 1.1 研究背景和意义

科学技术的进步推动社会发展步入知识经济时代，知识成为重要的研究对象，得到了不同学科的关注。信息技术的广泛应用和深入发展，一方面使得海量信息资源广泛地储存于计算机和互联网当中，形成潜在知识宝库；另一方面，巨大的信息量也为有效获取知识带来了挑战。

在此环境下，知识管理成为管理领域和信息技术领域共同关注的课题，但是这两方面的孤立研究均存在天然局限，管理视角理论性强但在可操作层面上支持不足，而单纯注重技术，若不能充分结合知识特性，实际系统的应用效果也往往不理想。① 为了促进知识管理，提升组织知识能力，要求我们将信息技术与知识管理的特殊性结合起来研究。

传统的线性因果式思维方

① 参见左美云：《国内外企业知识管理研究综述》，载《知识经济》，2001 (8)。

式难以把握知识活动的规律和特性，以网络视角分析知识系统，为认识复杂的知识行为提供了有益的新思路。实际上，知识搜寻者、知识贡献者、信息资源等各类实体及其彼此间各种性质的连接关系构成了复杂的网络结构，知识在此网络之中生成和演化。复杂网络是系统理论研究中近年来取得突破性进展的重要分支，为网络分析提供了理论与方法。① 计算机强大的信息处理能力，使其成为网络研究和应用实践中必不可少的工具。理论、方法与实际应用相结合，对知识活动产生了重要影响，近几年来，繁荣发展的社会性软件体现了信息技术与社会网络结合带来的巨大潜力，代表了信息系统未来的发展趋势。

知识是当今社会中决定竞争力的重要资本，知识传播是知识加工过程中的重要环节，无论对个人还是组织来说，传播对其知识能力都具有重要影响。知识传播的研究对知识管理策略制定、知识管理系统建设都具有重要意义。因此在知识经济时代，知识传播研究将在促进科技进步和经济发展中发挥积极作用。

在理论上，本研究借鉴了多学科的研究成果，对相关理论进行了系统的梳理，形成了对知识传播问题的网络分析框架，探讨了知识传播网络的演化机制，丰富了网络理论的领域应用，为各项理论的进一步完善和补充提供了基础。

在实践上，本研究将网络分析方法应用于实际组织知识管理，探讨了量化指标的选择和解释。通过研究组织结构与知识传播功能之间的互相影响，支持组织决策。并根据网络分析结论，提出了改进的推荐算法，可应用于虚拟社区中友情连接推荐以及组织中知识资源的推荐。本研究利用计算机模拟生成数据和实际应用系统中获得的数据进行了多层次的算法测试，验证了算法的效率和准确性。书中提出的知识协作平台，结合社会网络实现推荐功能，通过信息系统促进知识传播，对提高组织的知识应用和知识创新能力具有重要意义。

---

① Boccaletti, S., Latora, V., Moreno, Y., Chavez, M., Hwang, D. U., "Complex Networks: Structure and Dynamics", *Physics Reports* 424, 2006, 175 - 308.

# 1.2 网络视角下的知识传播

## 1.2.1 知识传播网络的相关概念和特征

本项研究重点是应用信息技术改善知识能力的方法，以知识传播网络为具体研究对象。知识、传播都是比较抽象的名词，同许多抽象概念一样，对其的理解可以有不同的层次和侧重。为了方便后面的讨论，明确研究对象及其特征，这一小节将对相关概念进行介绍。

1. 知识与知识管理

知识与信息有密切的联系，却不完全相同。知识不同于一般的数据，知识管理也不是简单的文件存取。数据是关于事件的一种客观表述，可以是没有特定意义的数字、图像或声音。当人们能对数据进行解释，并将其融入特定的背景，数据就演变成为信息，因此信息比数据更有价值。当信息与应用目标联系在一起，通过综合、分析，使信息具有意义，并能指导行动，则产生了知识。从数据、信息和知识的区别与联系入手，是理解知识概念的一种基本途径。①

知识与信息存在差异，使得信息管理不能替代知识管理，知识管理必须针对知识的特征。在实际应用过程中，知识与信息不断发生相互转化：一方面，应用者将知识外化为方便记录、传输的各种形式的信息；另一方面，通过搜寻、积累以及重组信息，实现知识的学习或创造。知识存在于拥有者的意识当中，它是不可预见的、抽象的，分享和使用知识都依赖于拥有者的动机。知识的价值在于可以直接应用于决策，通过它为行动带来的增值可以判断其价值的大小。因此，与拥有者和应用行动的密切关系是知识的显著特征，也是知识管理系统中必须考虑的因素。

知识应用和信息价值提升的过程中存在几个关键环节：规划、搜寻、获得、重组、创造、存储、发布和共享等。一些研究将这种分析称为知识

---

① Zins, C., "Conceptual Approaches for Defining Data, Information, and Knowledge", *Journal of the American Society for Information Science and Technology* 58 (4), 2007, 479-493. Davenport, T. H., Marchand, D. A., "Is KM Just Good Information Management?", *Financial Post* 7, 2001.

生命周期（knowledge life cycle）或知识管理过程（knowledge management process）①，从这些环节入手，知识管理更具可操作性。利用信息技术处理关于知识的信息，满足用户知识需求，促进知识管理过程，成为知识管理系统的目标。其中，知识创造和知识应用能力是最能体现知识管理系统价值，反映组织知识管理能力差异的因素。②

2. 传播

传播译自英语 communication，源自拉丁语 communis（community）。该词的中文意思有十几种，如交往、交流、交通和通信等。传播这种现象非常普遍，可能存在于人与人，人与组织，组织与组织，人与机器、通信工具之间。有人统计关于传播的定义多达百余种，综合来看，传播概念包含以下特点［Littlejohn 1999；Severin and Tankard，Jr. 2001；张国才 2002］：③

（1）传播与信息有紧密的联系：传播是交换信息的过程，信息是传播的内容。传播的根本目的是传递信息，是人与人之间、人与社会之间，通过有意义的符号进行信息传递、信息接收或信息反馈活动的总称。

（2）传播是相互作用的动态过程，强调过程和互动性。环境、组织协作的概念隐含其中。

（3）传播是系列的传递和再生过程。

（4）传播具有个人特征，基于个人的认知发生。

综上，通过传播活动可以获得信息，降低信息的不确定性，进而提高参与主体的行为能力。传播对于知识的共享、推广和知识创新具有促进作用。

3. 知识传播

本书讨论的知识传播是以知识转移和知识应用为目的的互动过程，传

---

① Firestone, J. M., McElroy, M. W., *Key Issues in The New Knowledge Management*, Butterworth-Heinemann, 2003. Despres, C., Chanvel, D., *Knowledge Horizons: The Present and the Promise of Knowledge Management*, Butterworth-Heinemann, 2000.

② Davenport, T. H., Marchand, D. A., "Is KM Just Good Information Management?", *Financial Post* 7, 2001.

③ 方括号［］中的内容指引用的文献，具体见本书"参考文献"。全书下同。

播的中心内容是知识，即具有行动指导能力的信息。知识传播具有以下功能：

(1) 知识发现。通过交流实现信息更新，接收关于知识内容和知识专家所处位置的信息，构建起个人或组织的认知知识网络。

(2) 知识解释。通过互动过程，增进对知识的理解。在此过程中，组织中观点趋于一致。逐渐形成共识。

(3) 知识应用实现。知识发现能力使知识的获取更加准确高效，情境化的知识解释提升了知识在不同环境中的有用性，从而有利于更有效地将知识应用于决策和行动。

(4) 知识创新。资源的共享、跨越专业边界障碍的交流，以及开放的组织环境，将极大促进新知识的创造。

组织通过传播活动实现上述功能，满足其知识需求，在此过程中形成一定的结构，而结构又对将来的知识活动产生影响。这种结构性，我们通过下面介绍的知识传播网络来刻画。

4. 知识传播网络

相互作用体现出个体间联系，个体及其联系构成“网络”，组织网络是通过个人、团体之间的交流形成的社会结构。[①] 传播过程的互动性，决定了网络是传播发生的基础。人们在交流过程中形成了传播链，这些传播链作用于所有形式的社会活动、组织及整个社会，从某种意义上说网络抓住了传播各方面的特征。[②] 传播与网络中的连接关系相互影响，传播过程形成了系统的网络结构，同时网络结构限制传播范围，结构与传播行为密切相关，因此我们从网络视角展开对组织知识传播的研究。

知识管理的关键就是对于组织中“人的网络”的分析，“就像掌握理解组织的钥匙一样，网络是开启人们脑中知识的钥匙，一个组织的知识资本应该投资于联系人们的无形网络”。[③] 因此研究知识传播网络对知识管

---

① Monge, P. R., “The Network Level of Analysis”, in: C. R. Berger and S. H. Chaffee, eds. *Handbook of Communication Science*, Newberry Park, Calif.: Sage 1987, 239 - 270.

② 参见斯蒂文·小约翰：《传播理论》，陈德民等译，北京，中国社会科学出版社，1999。

③ Stephenson, K., “What Knowledge Tears Apart, Networks Make Whole”, Reprinted from *Internal Communication Focus* 36, 1998.

理具有重要意义。

图 1—1 概括了我们对知识传播网络特征的认识，以及相应的研究框架。

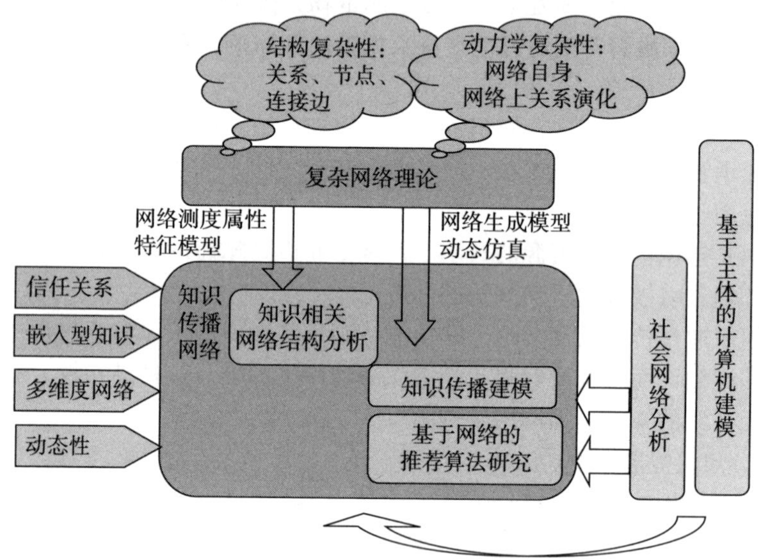


**图 1—1　知识传播网络特征及研究框架**

知识传播网络具有以下特征：

(1) 知识传播中非正式网络发挥着重要作用。[①] 知识传播网络具有非正式网络的典型特征：结构不规则程度高、动态性强。

(2) 结构复杂。构成传播网络的节点可能属于不同类别和层次，节点间传播关系具有不同方向和效率。

(3) 动态复杂性，传播过程动态复杂，网络连接中伴随传播发生着信息流动；网络中的连接关系随着时间而新建、保持或消失，处于动态变化之中。

---

① Davenport, T. H., Prusak, L., *Working Knowledge—How Organizations Manage What They Know*, *Boston*, MA: Harvard Business School Press, 1998.

(4) 知识具有高度情境相关性，内嵌于具体应用或特定拥有者。知识传播需要以信任关系为基础，主要依赖于人际传播形式。

5. 信息技术支持的知识传播网络

人们通常只能感知发生直接联系的事物，而无法利用资源更丰富的知识网络。所以我们希望通过信息技术克服这种局限，充分发挥知识传播网络的作用。

如前面分析所见，因为知识的特性，单纯的信息管理技术无法完全实现对知识传播网络的支持。① 知识传播的促进应从两方面着手：一方面，支持知识资源（描述知识的信息）的发现和获取，另一方面，支持与相关知识专家建立联系。所以知识传播支持系统应当具备以下目标：通过信息系统的记录能力和反馈性，完善个人和组织认知知识网络，使信息技术支持的知识网络更加有序；通过促进专业化、互动性和聚集能力，灵活地实现知识内容与知识专家组合，提升组织知识应用和知识创新能力。

### 1.2.2 知识传播网络研究面临的主要挑战

21世纪初对知识管理系统的研究和应用还很不成熟，知识的特殊性对信息技术提出了挑战。互联网技术的进一步成熟，为知识传播网络的研究与实践提供了机遇，也带来了新的挑战。具体来说知识传播网络研究面临的挑战主要来自以下几方面：

1. 网络数据分析

实证研究是理论发现的基础，关于知识传播网络的研究还处于起步阶段，特别是在以计算机为代表的数字工具为媒介的应用环境中，还需要大量的实证数据分析。互联网技术的发展为数据收集存储提供了便利条件，但也使分析要面对海量数据处理的困难。要解决这个难题，应从两方面着手：一方面，加强数据筛选和精简能力，使得尽量少的数据中保留尽可能多的原始信息；另一方面，提高系统性能，软、硬件技术相结合，利用网络协同工作能力，使系统能够高效完成复杂的数据处理任务。具体这两方

① Alavi, M., Leidner, D. E., "Review: Knowledge Management and Knowledge Management Systems: Conceptual Foundations and Research Issues", *Management Information Systems Quarterly*, 25 (1), 2001, 107-136.

面如何实现，仍有待研究。此外，网络数据具有层次性和相关性特点，破坏了传统统计方法依赖的理论假设，这就要求网络数据分析借助于新的量化指标和统计方法，此领域的突破需要信息技术与统计科学相结合。

2. 知识传播网络的动态复杂性

掌握知识传播网络的特性和动态规律，对我们制定策略、指导知识传播应用于实践具有重要意义。知识传播是动态过程，传播行为和传播网络之间不断进行着交互反馈作用。知识应用者作为传播主体，具有自我意识和主动性，这增加了整个知识传播系统的复杂性。从过去的研究来看，如果将分析停留于文字表述，结论缺乏普遍性和说服力，研究缺乏指导意义；应用数学模型，提高了研究的精确性，但受限于数学模型在解决非线性问题时的局限，研究中往往设定许多假设条件以简化模型，过于简化可能带来认识偏差，使研究脱离实际。因此，需要新的研究手段，使我们在保留系统动态复杂特性的条件下，研究知识传播网络。

3. 知识推荐技术

推荐技术能改善知识传播网络，提高知识转移效率，减少信息过载的压力，因此随着信息技术的发展，对推荐系统的需求越来越迫切，知识推荐系统成为知识传播网络研究的重要组成部分。推荐系统研究中存在的挑战，一方面在于应用范围要求，在内容结构化程度低、历史记录欠缺等条件下，系统应仍能满足用户的个性化需求，为其提供可靠的推荐结果；另一方面，是对系统的效率要求，在实现上应满足方便性和高效性，降低应用成本。这两方面都对信息技术形成了挑战。

4. 知识传播网络改善

分析研究的最终目的是提高知识能力，通过信息技术实现知识协作平台是可行的方法，借此将研究成果应用于实践。协作平台应支持知识过程中的各个阶段，促进资源丰富的信息环境形成，结合个性化推荐服务，满足情境相关的知识需求。动态的应用环境还要求知识平台具备相应的灵活性和适应性，能方便地根据组织发展实现更新和扩展，这要求信息技术更加智能化。同时，用户成为信息系统中不能忽视的一个组成部分，对其利用和组织也对知识平台的设计实施提出了更高的要求。

## 1.3 国内外研究现状

后面各章中对相关研究领域的最新进展有更为详细的介绍，这一节主要对各相关领域中与本研究有关而且具有重要影响的成果进行概述。

从网络视角分析知识系统，在理论与方法上，复杂网络的最新研究进展为本项研究提供了支持。所有复杂系统都可以抽象为复杂网络模型，复杂网络无所不在。无标度（scale free）与小世界（small world）现象[Barabasi 2002；Watts 1999]是复杂网络研究中的重要发现，由此引出的网络模型分析对许多学科的研究产生了极大的促进作用[Barabasi and Bonabeau 2003；Watts 2004]。纽曼（Newman）的综述对复杂网络整个研究领域进行了系统的概要性介绍[Newman 2003]。国内一些大学如中国科学技术大学、北京师范大学、香港中文大学和中国人民大学等，较早进入该领域，并形成了一些成果[周涛 2005；吴金闪 2004；汪小帆 2006；陈禹 2005]。

将网络理论与社会应用相结合，形成了社会网络分析（social network analysis）方法，这方面研究最初起源于社会学，成为发展迅速的交叉学科，广泛应用于诸多研究领域，如组织研究[Kilduff and Tsai 2003]、知识管理[Cross，Parker，Prusak and Borgatti 2001]和创新[Barabasi 2005]等。文献[Wasserman and Faust 1994；Scott 2000；Carrington，Scott and Wasserman 2005]综合介绍了不同层次的社会网络分析指标、方法和模型，以及相关应用研究实例。社会网络分析方法在知识管理研究中的作用受到越来越多的重视，并涌现出许多具有启发意义的研究成果。早期的研究主要应用网络方法的量化分析和可视化能力，针对不同个案，结合结构特征诊断给出管理措施建议[Anklam 2003；Cross，Borgatti and Parker 2002]。凯瑟琳·卡莉（Kathleen Carley）教授的研究更进一步，将网络分析与计算机科学相结合，她所指导的跨学科研究中心CASOS，利用计算机建模技术，在动态网络分析、可计算社会与组织理论、适应与演化等方面开展了广泛的研究，并形成了网络建模分析平台和文本挖掘工具。[①] 针对该领域研究缺乏理论性和系统性的问题，文献［Monge and Contractor 2003］将社会网络分析方法在传播领域应用中的研究与相关社会学理论相结合，提出了多理论多层次的网络分析框架。从组织传播学的视角，综合介绍了相关的理论基础，并对社会网络分析在知识管理实践中的应用进行了深入探讨。该领域国内的研究大多处于早期阶段，缺乏理论上具有创新性的工作。

从近期的发展趋势看，网络分析的深入研究与应用实践，都需要与计算机技术紧密结合。计算机建模仿真技术为具有复杂性的社会系统研究提供了实验平台，广泛应用于复杂系统研究中［王飞跃 2004；方美琪 2005］。美国圣塔菲研究所（Santa Fe Institute）[②] 是复杂系统计算机模拟研究的前沿阵地，会聚了世界各地不同领域的学者，积极支持跨学科研究。奈哲尔·吉尔伯特（Nigel Gilbert）教授指导的社会仿真研究中心（Centre for Research in Social Simulation）[③]、金姆·斯奈本（Kim Sneppen）教授指导的生命模型中心（Center for Models of Life）[④] 等研究所，是欧洲开展跨学科模型与模拟研究比较有代表性的机构。在网络动力学机制研究中，计算机模拟技术发挥了重要作用，通过多主体仿真（multi-agent simulation），从底层主体间的相互作用入手，可以模拟网络结构和功能的动态性，并在此基础上进行政策效果检验。一些研究关注一般网络形成和演化过程的仿真［Jackson 2003］，一些研究将应用实例分析与建模仿真相结合，考察网络结构和功能的微观基础，并提出相关政策建议，其中关于创新网络［Gilbert，Pyka and Ahrweiler 2003；Ahrweiler，Pyka and Gilbert 2004］、传播网络［Monge and Contractor 2003；Rosvall and Sneppen 2006；Tsvetovat and Carley 2004］、网络社区［Kumar，Novak and Tomkins 2006；Zhang，Ackerman and Adamic 2007；Halpin，Robu and Shepherd 2007］等对象的研究，对本研究很有启发。在这些研究过程中，

① Computational Analysis of Social and Organizational Systems（CASOS），http：//www. casos. cs. cmu. edu.

② 参见 http：//santafe. edu。

③ 参见 http：//cress. soc. surrey. ac. uk/cress. html。

④ 参见 http：//cmol. nbi. dk。

形成了一些有用的工具软件，如 Ucinet[①]、Pajek[②] 和 iGraph[③] 等，这些具有网络统计分析和可视化功能的通用软件，极大地提高了网络分析的效率；而 Repast[④] 和 Blanche [Hyatt，Contractor and Jones 1997] 等通过提供开放 API 或者工具包，成为支持网络研究的多主体建模平台，降低了程序开发难度，并加强了模型的标准化和通用性。

另一方面，网络研究也促进了互联网和信息系统的研究与实践，两者相辅相成，信息技术的发展给社会网络带来了深远的影响[⑤]，社会网络分析也促进了信息技术变革。网络结构分析可应用于信息资源检索[⑥]，PageRank 算法在谷歌（Google）获得的巨大商业成功中发挥了重要作用。雅虎（Yahoo）资深搜索专家针对 web 搜索领域中存在的挑战，提出将社会计算、社会网络和博弈论等应用于信息检索系统设计。[⑦] 社会网络的信息还可应用于个性化推荐算法改进和语义网研究 [Paolillo and Wright 2005；Blattner Zhang and Maslov 2006]。社会网络分析不仅推动了信息技术中的算法研究，还影响到信息系统的设计开发，两者结合衍生出了社会性网络站点（social network sites，SNS）。近两年网络中涌现出大量此类应用，这些应用的迅速发展，体现了社会网络与信息技术结合带来的巨大潜能。许多不同学科背景的研究者针对这些应用的管理、网络结构、相关影响等，从不同侧面进行了深入的研究 [Boyd and Ellison 2007]。

---

① 参见 http：//www. analytictech. com。

② 参见 http：//vlado. fmf. uni-lj. si/pub/networks/pajek。

③ 参见 http：//cneurocvs. rmki. kfki. hu/igraph。

④ 参见 http：//repast. sourceforge. net。

⑤ Burkhardt，M. E.，Brass，D. J.，“Changing Patterns or Patterns of Change：The Effects of a Change in Technology on Social Network Structure and Power”，*Administrative Science Quarterly* 35，1990，104-105.

⑥ Borgatti，S. P.，Cross，R.，“A Relational View of Information Seeking and Learning in Social Networks”，*Management Science* 49（4），2003，432－445.

⑦ Raghavan，P. “The Changing Face of Web Search”，*Advances in Knowledge Discovery and Data Mining*，2006，11.

## 1.4 本书的主要工作

本书从网络的角度考察知识传播问题，网络分析依照以下四个层次进行：

（1）社会网络的度量计算与可视化问题。关注组织当前的结构状况，组织中成员之间的咨询协作网络、知识与信息的流通网络的效率。通过调查得到组织中与知识相关的各种网络，进行网络可视化和计算分析。

（2）社会网络结构与功能的应用研究。考察对于知识传播应用来说，什么样的网络是好的，什么样的网络是不好的。根据一些关键参数，可以把网络分为不同的类别。比如小直径、高聚集的小世界网络，或连接度服从幂律分布的无标度网络等。在具体的管理应用中，考察组织网络结构类别对知识管理的影响，分析组织网络结构与信息流动、知识扩散间的关系。

（3）网络演化动力机制和动态模型仿真的研究。不同类型的网络结构是如何形成的？有怎样的变化趋势？组织中存在的网络结构不同于组织结构的概念，这种结构不是通过自顶向下的设计实现，而是与组织中微观层面的成员及其人际关系有关。[①] 因此对网络动态机制的研究需要从微观个体行为入手，通过多主体的计算机模拟，对组织网络进行动态仿真，在计算机模型中验证不同网络演化机制的假设，探索不同网络的发展规律。

（4）在掌握了各种网络的结构特性和动态机制后，对于组织管理有什么样的启示？如何制定相关的激励制度或行为规范，从而有意识地让个人或组织的行为更有利于形成最适宜的网络结构？让网络的自发形成过程变为自觉形成过程。

前面三个层次分别侧重于发现并观察知识网络，分析其特征、探究其发展规律，最后一个层次的研究则是为了促进组织知识网络向所期望的方向发展。

---

① Nohria, N., Eccles, R. G., *Networks and Organizations: Structure, Form, and Action*, Boston: Harvard Business School Press, 1992.

本书的主要工作和创新包括以下几方面（参见图 1—2）：

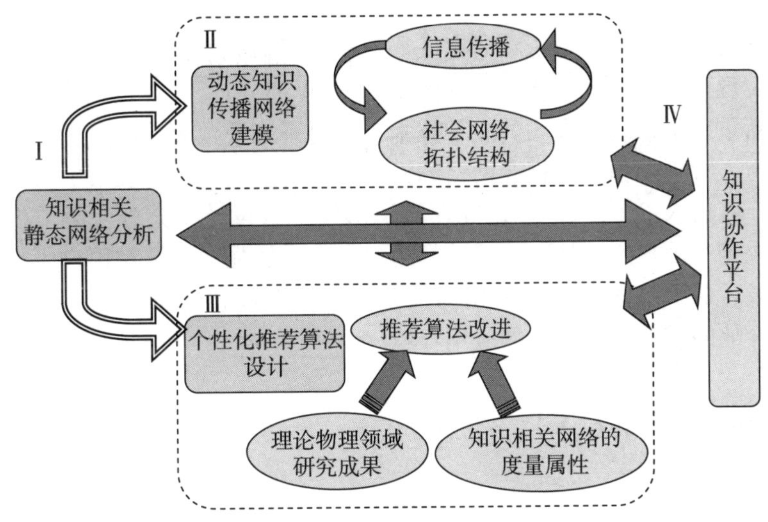


**图 1—2　主要研究内容及其关系**

将网络分析方法应用于组织知识管理（图 1—2 中Ⅰ部分）。对实际组织中的社会网络进行可视化和量化分析，评价网络结构对知识相关行为表现的影响。分析了相关的理论基础，提出了系统的分析框架。通过具体实例研究，验证了网络分析的可行性及其对组织知识管理的促进作用。

利用多主体建模方法模拟传播网络演化过程，研究了网络结构与信息传播间的反馈关系（图 1—2 中Ⅱ部分）。根据知识传播系统的社会涌现特性，通过对微观个体传播和建立连接行为机制的设计，研究不同条件下，组织网络演化的结构特征，以及网络结构对个体行为的影响作用。并利用模拟实验数据，验证推荐算法，搭建模型，为算法验证提供了灵活、高效的测试环境。

为促进知识传播，研究了知识平台中核心功能模块——推荐模块的算法设计与实现（图 1—2 中Ⅲ部分）。推荐技术对信息过载环境中的知识传播意义重大，为改善传统协同过滤算法在初始信息稀疏、数据量大的应用环境中的不足，本书提出了迭代资源扩散算法，并根据具体网络结构特性，提出了算法改进的方案。应用多种测试数据，对比验证了不同条件下算法的效率和准确性。

最后，根据上述分析和研究成果，提出了知识协作平台的设计实施架构，实现推荐系统的实验原型（图 1—2 中Ⅳ部分）。社会性软件的概念框架创新重组了系统开发中的多种技术，使得系统平台更灵活，更能鼓励用户参与，特别加强了对社会网络的支持，使系统能在用户应用中获得性能提升［张树人 2006］。[①] 本研究在知识协作平台设计中充分考虑了相关机制，改善了用户应用体验，促进了用户参与，加强了系统对用户历史行为的记录，从中挖掘各种可利用的关系，实现个性化推荐功能，以形成灵活、开放的支持知识协作的应用环境。

## 1.5 本书结构

第 1 章绪论，介绍了知识传播网络研究背景和意义，介绍了涉及的重要概念，分析了知识传播网络研究的特征和面临的主要挑战，介绍了国内外研究现状以及本书的主要工作。

第 2 章侧重于分析知识相关网络的静态结构。介绍了复杂网络理论、网络结构分析的概念和技术。分析了网络理论和方法的关键问题与最新进展，并结合具体实例探讨了网络分析应用步骤及其在改善组织知识管理和知识传播中的积极作用。

第 3 章侧重于知识传播网络的动态模拟。讨论了复杂系统的特征，以及知识系统的复杂性。应用多主体建模技术分析知识传播系统，通过计算机模拟实验，将知识传播与社会网络的概念相结合，研究了这一复杂过程中微观行为基础和宏观结构影响之间的相互作用。

第 4 章着重研究个性化推荐算法改进。结合网络结构属性和理论物理领域的研究成果，提出基于网络的迭代资源扩散算法，通过节点结构相似性做出推荐。并在不同测试环境中，将该算法与通用算法进行了多

① Nohria, N., Eccles, R. G., *Networks and Organizations: Structure, Form, and Action*, Boston: Harvard Business School Press, 1992.

角度的比较，对比实验显示了算法在大数据量、稀疏矩阵条件下的效率和准确性。

第 5 章在前面几章的基础上，将社会网络应用于信息系统设计之中，提出知识协作平台设计方案，并介绍了系统原型的实现。

第 6 章对本书工作进行了总结，并作了进一步的研究展望。

# 第章 知识传播复杂网络分析

复杂网络是复杂系统的存在方式，复杂系统可以被视为组成部分及其相互关系的结合，本书的主旨就是通过网络的视角来理解并辅助知识传播系统。本章重点分析知识相关网络的静态结构，下一章中结合计算机建模方法将分析扩展到传播网络的动态过程，所以这两章是全书的基础分析部分。本章对后面涉及的网络相关概念、指标做了必要的解释，分析了网络理论和研究方法的关键问题与最新进展。最后结合具体实例，介绍了网络分析方法的实施步骤，及其在改善组织知识管理和知识传播中的积极作用。

## 2.1 网络分析相关工作

提到复杂网络，离不开复杂性科学和复杂系统的概念。复杂系统理论的核心观点是：整体不是各个组成部分的简单加和，由组成部分到整体之间的跨越，正是源于各部分之间的相互联系。因此理解这些复

杂联系成为解决系统复杂性的关键，这也是网络研究对系统研究的意义所在。

复杂网络研究可被视为复杂系统研究的一个分支，它注重组成部分之间的各种联系，强调系统的构成结构。近几年该领域受到了不同学科的关注，并取得了突破性进展，研究成果对许多学科的发展起到了极大的推动作用［刘涛 2005；Newman 2003］。图 2—1 反映了国内 CNKI 统计“复杂网络”这一主题学术关注程度 1994—2006 年间的变化趋势。这一节重点对复杂网络的基本概念以及社会网络分析基本方法进行简要回顾。

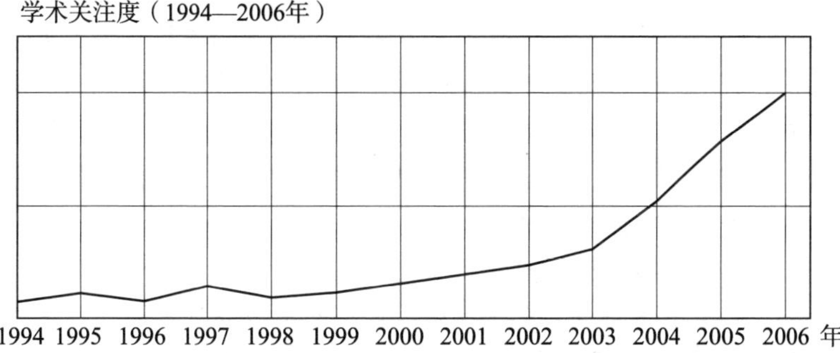


**图 2—1　1994—2006 年“复杂网络”主题学术关注度的变化**

资料来源：通过 CNKI 学术趋势搜索以“复杂网络”为关键词，搜索获得。参见 http：//trend. cnki. net/。

### 2. 1. 1　复杂网络研究概览

复杂网络的复杂性体现在两层意义上：一方面是构成与结构上的复杂性，另一方面是动力学复杂性。网络由节点和连接边构成，节点可能属于不同类型，具有不同属性；连接边可能是异质的，代表不同意义，具有不同的方向、权重；其结构特征，可能既非完美有序，也非完全随机。复杂网络通常具有动态性，其动态规律属于网络动力学研究范畴。网络动力学包括基于网络动力学和网络自身动力学两层含义。前者指网络上承载的动态过程，比如特定网络结构上的传播、搜索、同步过程等；后者侧重于网络结构自身的演化，网络结构不是固定不变的，网络中节点的生长与消失，连接边的新建、保持和消除带来了网络结构的不断变化。[①] 上述对复杂性的拆分，仅是为了分析的方便，实际的复杂网络，通常同时具备多重复杂性。

复杂网络是复杂系统的存在方式，是复杂系统的结构抽象，也是我们理解复杂系统的一种视角，从这种视角出发衍生出了一系列有效的方法。用网络的观点描述客观世界起源于1736年德国数学家欧拉（Euler）解决哥尼斯堡七桥问题（Königsberg bridge problem）。[②] 对不同的具体问题进行抽象，化简其中的细节并将其归结为"图"——一系列节点和连接边的集合——的问题，这种方法开始成为数学领域中具有一般性的有力工具——"图论"（graph theory）。[③] 由于在对系统进行网络抽象时要求相互作用的基层单元是"独特的"而非可互相替代的，所以社会学家首先将这一抽象的数学对象应用于具体问题，这大约在20世纪50年代。接下来近50年中，网络分析相关研究进展非常缓慢。社会学家面临着数据获取的困难：许多概念范围描述不清晰，大规模可信赖网络数据难以得到记录。一些研究开始转向相关数学模型，但结果与实证研究有明显差异，对两者的结论难以做出正确评价，这些都限制了网络研究的发展。[④] 这段时间内，一项引人注意的工作是Price对科技引文网络的研究，揭示了幂律（power-law）分布的特征。他基于西蒙的观点提出了累积优势（cumulative advantage）的模型，解释了这一现象。[⑤] 由于他的工作仅涉及一个特定网络，在当时并没有引起太大的影响。

直至20世纪90年代随着信息技术的不断发展和逐渐成熟，所有的必要条件似乎一下子得到满足。系统整体观得到更多重视，学科间的边界障碍开始减弱，互联网发展为实证研究准备了大量数据，运算能力的提高为

---

① Strogatz, S. H., "Exploring Complex Networks", *Nature* 410, 2001, 268-276.

② Euler, L., "Solutio Problematis Ad Geometriam Situs Pertinentis", *Comment. Acad. Sci. U. Petrop.* 8, 1736, 128-140.

③ Harary, F., *Graph Theory*, Reading, MA: Addison-Wesley, 1994.

④ Monge, P. R., Contractor, N. S., *Theories of Communication Networks*, New York: Oxford University Press, 2003.

⑤ Price, D. J. de S., "Networks of Scientific Papers", *Science* 149, 1965, 510-515.

网络相关的复杂计算提供了可能。研究者开始认识到每个复杂系统的底层都存在一个非随机构型的网络，构成网络的交互作用模式对理解系统起到重要作用。

万维网（world wide web，WWW）是最早被研究的“复杂网络”，因为它的规模达到统计有效的要求，而且数据容易获取。在1998年开展的一项描绘万维网项目中，观测结果推翻了研究人员的随机网络预期。研究发现，万维网基本上是由极少数高连接性的页面串连起来的：80%以上页面的链接个数不到4，而不到总数万分之一的极少数节点，却有1 000个以上的链接。万维网的连接度分布再一次显示出幂律分布特征，而这一次的研究不再是孤立的，在社会网络、技术网络、信息网络和生物网络中都发现了类似的结构特征。[①] 这些不同领域的“横断性”研究，成为复杂网络的研究范畴，一些新的概念和结论，与传统的网络、图论研究有一定的区别。

下面给出复杂网络研究中涉及的几个最基本概念：

**定义 2.1** 网络形式化定义如下 $Network=(V,R)$，其中 $V=\{x\mid x\in dataset\}$，$R=\{(x,y)\mid P(x,y)\wedge(x,y\in V)\}$，网络中节点 $x$ 是系统数据集 $dataset$ 中的元素，$R$ 是连接边的集合，即节点 $x$ 和 $y$ 均属于系统数据集，且 $x$ 到 $y$ 之间存在连接边，则节点对（$x$，$y$）属于集合 $R$。

**定义 2.2** 节点 $i$ 的度 $k_i$ 为节点 $i$ 连接边的总数目，所有节点度的平均值称为网络的平均度，记为（$k$）。当连接边有方向时，节点的度区分为入度和出度，入度为指向该节点的连接数目，记为 $k_{in}$；出度为该节点发出的连接数目，记为 $k_{out}$，相应均值记为（$k_{in}$）和（$k_{out}$）。

**定义 2.3** 网络中节点的度分布函数 $p$（$k$）表示一个任意选择的节点恰好有 $k$ 条连接边的概率，也等于度为 $k$ 的节点个数占网络中节点总数的百分比。

**定义 2.4** 网络中，连通两个节点 $i$ 和 $j$ 的最少边数，定义为这两个节点的路径长度或称为距离 $l_{ij}$。

---

① Newman, M. E. J.,“The Structure and Function of Complex Networks”, *SIAM Review* 42 (2), 2003, 167-256.

**定义 2.5** 网络直径 $d$ 定义为所有节点对中的最大路径长度。

$$d=\max(l_{ij}),\forall i,j\in V \tag{2.1}$$

**定义 2.6** 网络的特征路径长度 $CPL$ 表示所有节点对的路径长度平均值。

$$CPL=<l_{ij}>,\ i,\ j\in V \tag{2.2}$$

定义 2.5 和定义 2.6 规定的两个变量，反映了网络全局特征，刻画了节点间的分离程度，即网络有多小。

**定义 2.7** 假设节点 $i$ 通过 $k_i$ 条边与其他 $k_i$ 个节点相连，如果这 $k_i$ 个节点相互连接，它们之间存在 $2k_i(k_i-1)$条边，而 $k_i$ 个节点间实际存在的边数记为 $E_i$，则节点 $i$ 的聚集系数 $C_i$ 可以表示为公式（2.3）。

$$C_i=E_i/2k_i(k_i-1) \tag{2.3}$$

网络的聚集系数 $C$ 是整个网络中所有节点的聚集系数的平均值，如公式（2.4）所示。聚集系数度量了一个节点的两个直接邻居彼此互为邻居的可能性，网络中这种关系构成了三角形结构。聚集系数高，意味着网络拓扑在局部层次上更紧密。

$$C=<C_i>,i\in V \tag{2.4}$$

显然，只有在全连通网络（complete network），每个节点都与其余所有节点相连接，网络聚集系数等于 1，一般情况下，该系数小于 1。在完全随机网络中，$C=N^{-1}$，其中 $N$ 为网络的节点数。在第 3 章的分析中，我们通过实际出现的三角形数量与对应的同分布随机网络中该数值相比，评价网络的聚集性，克服了度分布对聚集系数的影响。

上面的定义 2.1 至定义 2.7 列举了网络研究中常用的概念。复杂网络研究涉及不同领域，但在抽象的网络层次，其结构上显示出一些共性，复杂网络引人注意的一般特征主要包括下述几方面：

1. 度分布特征

复杂网络的度分布图，通常表现出宽尾（fat tail）特征，多服从幂律分布或指数分布。

**定义 2.8** 幂律分布指任何节点与其他 $k$ 个节点相连的概率，与 $1/k$ 成正比。

$$p(k)\propto k^{-\gamma} \tag{2.5}$$

万维网页的入度分布中 $\gamma$ 值接近于 2，这意味着，连入连接数为某站点一半的站点数量为该站点的 4 倍。

幂律分布和表征随机网络的泊松分布（Poisson distribution）大相径庭，不像钟形曲线那样具有一个峰值，而是连续递减的。如果用双对数坐标系来描述幂律分布，得到的是一条向下倾斜的直线，这也是判定网络符合幂律分布最简单、最直接的方法。与随机网络中连接的均匀分布不同，幂律定律刻画了由少数集散节点（hub，即那些网络中拥有大量连接关系的节点，如万维网中的 Yahoo 和 Google）主控的系统。这种分布决定了网络整体结构不能像随机网络那样以“平均值”来描述，因为网络中节点的连接度是两极分化的，代数平均的意义不大。服从幂律分布的网络呈现出局部与全局拓扑结构的自相似，所以这种类型网络也被称为无标度网络（scale-free network）。

近年来有大量研究发现无标度网络广泛存在：包括生物新陈代谢网络[Jeong，Tombor，Albert et al. 2000]、电影明星协作网络 [Watts and Strogatz 1998]、城市的道路网络 [Rosvall，Trusina，Minnhagen and Sneppen 2005]、在线电子社区网络 [Zhang，Ackerman and Adamic 2007]，等等。事实上，科学家研究的网络越多，发现的无标度结构网络也越多。

认识到复杂网络普遍存在的幂律分布特性，具有现实应用意义。例如对网络鲁棒性的认识，具有无标度结构的计算机网络，对意外故障具有极强的承受能力，但对针对性攻击却非常脆弱。[①] 关于网络上的扩散传播研究显示，服从幂律分布的网络中节点不具有传染阈值，因此传染性疾病总能得到扩散。针对集散节点注射疫苗，是实现传播控制最有效的办法。[②]

① Barabasi，A. L.，Bonabeau，E.，“Scale-Free Networks”，*Science American* 5，2003，50－59.

② Pastor-Satorras，R.，and Vespignani，A.，“Epidemics and Immunization in Scale-free Networks”，*Handbook of Graph and Networks*，Berlin：Wiley-VCH，2003.

针对本书目标来说，找到人际传播网络中的集散节点也是促进知识传播的重要途径。当然实际的情况可能远比此处分析的复杂，在后面将展开更详细的建模研究。这里的一些结论启发我们：网络中度分布结构特性对于传播功能具有重要影响，节点在网络中的位置将影响它的功能。

2. 小世界现象

小世界现象是与网络特征路径长度这个指标密切相关的概念，反映出复杂网络中平均路径长度相对网络的节点规模非常小。对此现象最初的兴趣可以追溯到 20 世纪 50 年代，MIT 的两个研究员精确地估计了连接任意两个美国人所需要的连接数量不超过 4 个。[①] 哈佛大学社会学家斯坦利·米尔格拉姆（Stanley Milgram）通过转寄信件的实验来验证这一猜想，将实验结果总结为“六度分割”现象。[②]

理论与实验研究揭示，即使构成网络的节点数 $N$ 很大，其特征路径长度仍然比较小，一般为 $O(\log N)$。网络中个体通常仅通过局部知识，即可有效地寻找到到达其他节点的最短路径。同时，网络的聚集系数比较高，具有结构化的特征。这两种特性在传统的网络模型中是无法共存的：随机网络特征路径长度小，但结构性差，聚集系数低；规则网络聚集系数高，特征路径长度也因其结构性增大。因此，大量真实网络结构无法通过随机网络或规则网络刻画，需要一种介于两者之间的新型网络模型。

20 世纪 90 年代后期开始，形成了一股“小世界”研究的浪潮。[③] 邓肯·瓦茨（Duncan Watts）详细分析了大量现实网络中普遍存在的“小世界”现象，并且提出了小世界网络的生成模型，以及“小世界”特征存在的应用意义，为我们理解“小世界”提供了三十多年以来最具实质意义的推进。[④]

---

① de Sola Pool, I., Kochen, M., “Contacts and Influence”, *Social Networks* 1 (1), 1979, 5-51. http://hdl.handle.net/2027.42/23764.

② Milgram, S., “The Small World Problem”, *Psychology Today* 2, 1967, 60-67.

③ Buchanan, M., Nexus: *Small Worlds and the Groundbreaking Science of Networks*, New York, NY: W. W. Norton, 2002.

④ Watts, D. J., *Small Worlds: The Dynamics of Networks between Order and Randomness*, Princeton University Press, 1999.

3. 聚集效应

聚集效应在社会网络语境中，可以表述为你朋友的朋友也是你的朋友，或者你的两个朋友彼此也是朋友的情况，通过聚集系数或三角形比例来度量。大量实证结果表明，大部分真实网络中的节点倾向于聚集在一起，聚集系数 $C$ 可能小于 1，但远比随机图中该指标的取值 $N^{-1}$ 大。①

如图 2—2 所示，图中虚线显示的边实际出现的比例与随机图中可能的情况相比较反映了聚集效应的存在与大小。

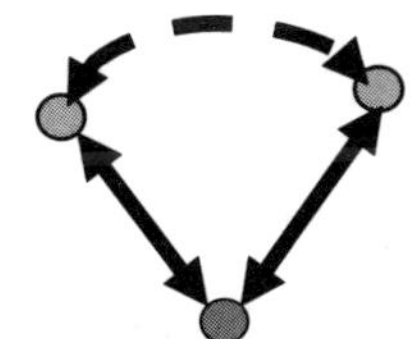

**图 2—2　聚集效应图示**

4. 网络社区结构特征

为了探索真实网络中的结构，还应提到网络社区（community）结构特征，这个概念反映了比连接边的度分布和三角形结构更全局化的结构特征。

**定义 2.9**　社区指网络中节点形成群组（group），群组内部节点之间的连接比较紧密，而群组之间节点的连接比较稀疏，这样的群组称为社区。

社区结构在复杂网络中普遍存在，对网络功能研究具有重要意义，因此，如何分辨这类子结构，其形成和演化规律怎样以及对网络有何影响等，是复杂网络研究中的重要问题。网络社区结构对于网络精简压缩也具有启发意义，第 4 章中将结合知识推荐应用，对此领域作进一步介绍。

大量实证研究，表明许多实际网络同时满足“小世界”和“无标度”特性。表 2—1 和表 2—2 列出了一些实证研究中获得的网络统计指标，反映了上述结构特征。

---

① Albert，R.，Barabasi，A. L.，“Statistical Mechanics of Complex Network”，*Review of Modern Physics* 74 (1)，2002，47－97.

表 2—1　　小世界和聚集性现象

| 网络 | 节点数（$N$） | 路径长度（$l$） | 聚集系数（$C$） | 对应随机网络聚集系数（$C_{rand}$） |
|---|---|---|---|---|
| 万维网 | 153 127 | 3.1 | 0.11 | 0.000 23 |
| 因特网 | 3 015～6 029 | 3.7～3.76 | 0.18～0.3 | 0.001 |
| 电影演员合作网 | 225 226 | 3.65 | 0.79 | 0.000 27 |
| 食物链网络 | 154 | 3.4 | 0.15 | 0.03 |

资料来源：Newman，M. E. J.，"The Structure and Function of Complex Networks"，*SIAM Review* 42（2），2003，167－256.

表 2—2　　无标度现象

| 网络 | 节点数（$N$） | 路径长度（$l$） | $\gamma_{out}$ | $\gamma_{in}$ |
|---|---|---|---|---|
| 万维网 | 325 729 | 11.2 | 2.45 | 2.1 |
| 互联网路由器 | 150 000 | 11 | 2.4 | 2.4 |
| 电影演员合作网 | 212 250 | 4.54 | 2.3 | 2.3 |
| （数学）论文合著网 | 70 975 | 9.5 | 2.5 | 2.5 |

资料来源：Newman，M. E. J.，"The Structure and Function of Complex Networks"，*SIAM Review* 42（2），2003，167－256.

5. 度相关

当网络中度数高的节点倾向于与其他度数高的节点相连，即节点具有正的度相关性，网络称为依连接度协调混合（assortatively mixed by degree）；反之，当度数高的节点倾向于连接度数低的节点，称为非协调混合（dissortatively mixed by degree）。两类网络构型通过下面的网络图 2—3 显示。实证研究表明，在社会网络（如演员合作网络、公司董事网络等）中节点具有正的度相关性，而节点度分布与其聚集系数之间却具有负的相关性；其他类型的网络（信息网络、技术网络、生物网络）则相反。正因为如此，这两种相关性被认为是社会网络区别于其他类型网络的重要特征，在社会网络研究中引起了高度重视。

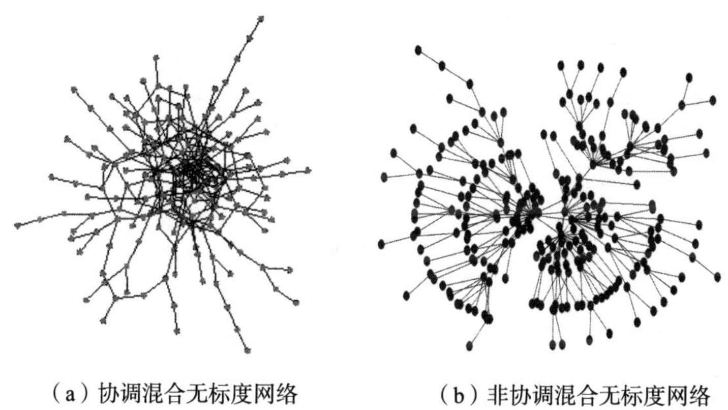

（a）协调混合无标度网络　　（b）非协调混合无标度网络

**图 2—3　协调和非协调混合无标度网络**

## 2.1.2　社会网络分析方法基础

复杂网络为我们认识世界提供了一个新的视角，同时也为复杂系统研究提供了可操作的方法和工具。将网络应用于社会范畴，定量分析社会关系的一类方法，统称为社会网络分析方法。社会网络分析起源于社会学研究，在社会心理学、文化人类学等领域，研究者用社会网络图的方法来分析研究社会结构和角色等问题。① 20 世纪 30 年代，雅可布·莫雷诺（Jacob Moreno）报告中对社会关系网络图（sociogram）的使用，被广泛地认为是社会网络分析的首次应用。随着社会测量、图论和块模型的发展，启发了一些重要的观点，比如互惠、结构平衡、传递性等。至 20 世纪 90 年代，通过几十年技术进步的积累，社会网络研究呈现指数形式的增长趋势。实证与方法上的突破扩展了原有范例的有用性，越来越多不同学科背景的学者开始应用社会网络模型以及相应的定量方法来分析问题。借助于社会网络模型，可以描述群体关系结构，研究这种结构对群体功能或群体

① Nadel, S. F., *The Theory of Social Structure*, New York, NY: Free Press, 1957. Mitchell, J. C., "The Concept and Use of Social Networks", in Mitchell, J. C. ed., *Social Networks in Urban Situations*, Manchester: Manchester University Press, 1963.

中个体的影响；或者通过定期收集不同时间点的数据，研究群体变迁的历时性演化发展规律。[①]

社会网络是指行为者（actor）和他们之间社会关系的集合。任何一个社会单位或社会实体均可被视为行为者，例如，可以是个人、公司或者其他集体，可以是教研室、院系、学校，还可以是村落、城市、国家等。社会关系可能蕴涵多种不同的含义，可能是个人之间的评价关系，如喜欢、尊重；可能是某种形式的传递关系，如货物流通或信息交换；可能是某种交互行为，如握手、拥抱、交谈等；还可能是隶属关系，比如同时参加一个协会或同属于某个俱乐部等等。

描述记录社会网络的数据，称为社会网络数据，一般可以分为结构变量（structural variable）和组成变量（composition variable）。结构变量从成对的行为者（大小为 2 的行为者子集）中获得，测量两个行为者之间某种特定联系，是社会网络数据的基石。组成变量指关于行为者属性的信息，通常是单个行为者层面的描述，例如个人的性别、种族、专业，或企业规模、所处的行业等。

社会网络数据通常以矩阵或社会网络图来表达。社会网络对应的矩阵通常为方阵，称为社会矩阵（sociomatrix）。若矩阵中行、列代表的意义相同，称之为单维度网络；若矩阵中行、列分别代表不同含义，比如行代表行为者集合，列代表由行为者组成的组织，或者行为对象等，这时称之为 2—模式网络。矩阵中的单元记录了行、列代表的节点对之间可能的关系。关系有两个重要的参数：方向和力度。关系可以是有向的，也可以是无向的。有向连接是指从一点指向另一点，有起源和目的的区别。无向连接没有方向，描述了一种共享合作关系。网络中连接若是无向的，通常对应于对称的矩阵。有向网络对应的矩阵通常不是对称的，矩阵中的元素可以想象成“谁到谁”的关系，行表示“谁”，列表示“到谁”，或者相反。力度指示了关系的“量”，一个关系的力度可以是“二值的”或者“有权的”。二值关系简单指示两个行为者是否彼此有联系，对应的矩阵被称为

① Wasserman, S., Faust, K., *Social Network Analysis: Methods and Applications*, Cambridge, UK: Cambridge University Press, 1994.

邻接矩阵（adjacent matrix），其中记录只包括 1 或 0，1 表示联系存在，而 0 表示不存在。有权连接描述了一个连接的强度或者频率，对应矩阵单元中的特定数值。

例如下图 2—4 中的示例矩阵 $A_{m\times n}$ 表示了 $m$ 行 $n$ 列的元素排列方式，其中 $a_{ij}$ 即第 $i$ 行第 $j$ 列的元素，代表社会网络中第 $i$ 个人与第 $j$ 个人之间的联系。社会矩阵 $A_{n\times n}$ 是拥有 $n$ 行 $n$ 列的单维度网络，可视为一种特例情况。如果其中 $i$ 和 $j$ 之间存在连接，则 $a_{i,j}$ 值为 1，否则 $a_{i,j}$ 值为 0。该方阵的对角线元素表示自身关系，不加定义，可以表示为“—”或者“0”。矩阵可以由二维表格具体显示节点间的连接关系，在计算机中以二维数组格式存储。

$$A_{m\times n}=\begin{bmatrix} a_{11} & a_{12} & \cdots & a_{1n} \\ a_{21} & a_{22} & \cdots & a_{2n} \\ \vdots & \vdots & & \vdots \\ a_{m1} & a_{m2} & \cdots & a_{mn} \end{bmatrix}_{m\times n}$$

**图 2—4 社会矩阵示例**

另一种描述网络数据的方式是社会网络图。网络中的每个行为者被赋予一个数值化或有称谓的点，点之间的边表示关系。对于定向关系，边前面的箭头指示了其方向，这时网络图称为有向图。如果关系是二值的，一条边代表关系存在，没有边代表关系不存在。如果关系是有权的，数值可以置于每条边的上方，这时的网络图称为加权图。图 2—5 所示的社会网络中，包括节点 $V=\{a, b, c, d, e, f\}$，连线关系 $R=\{(a, b), (b, c), (c, d), (c, e), (d, e), (e, f)\}$，对应的唯一邻接矩阵如图 2—5 右图所示。

社会网络分析通过矩阵运算或图分析，量化社会关系。比如通过中心性（centrality）指标，可以对权力作量化分析；而凝聚子群（cohesive subgroups）研究，通过聚集系数、派系（clique）等结构指标，支持了社会结构的量化分析；对等性（balance）分析，可以辅助社会角色的刻画；核心与边缘（core-peripheral）分析为网络中结构位置辨别提供了量化基础。具体的实施方法将在下面结合实例详细介绍。

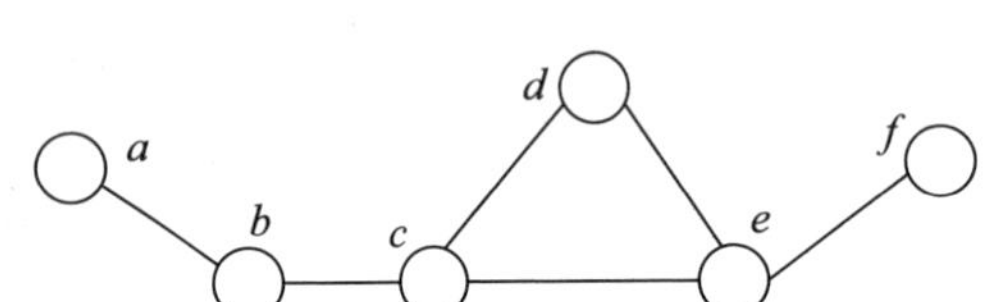


| | $a$ | $b$ | $c$ | $d$ | $e$ | $f$ |
|---|---|---|---|---|---|---|
| $a$ | 0 | 1 | 0 | 0 | 0 | 0 |
| $b$ | 1 | 0 | 1 | 0 | 0 | 0 |
| $c$ | 0 | 1 | 0 | 1 | 1 | 0 |
| $d$ | 0 | 0 | 1 | 0 | 1 | 0 |
| $e$ | 0 | 0 | 1 | 1 | 0 | 1 |
| $f$ | 0 | 0 | 0 | 0 | 1 | 0 |

**图 2—5　社会网络图与对应的社会矩阵**

## 2.2 网络结构分析

关于网络研究整体可概括为三个方向：网络结构统计特征研究；网络结构生成机制研究和结合网络特征的应用研究。知识传播网络研究是一项综合性应用研究。前一小节介绍了网络研究中常用统计指标和复杂网络的基本结构特征，下面着手将网络分析方法引入知识传播研究中，具体来说，本节主要针对知识传播网络的静态结构展开分析。

### 2.2.1 层次性和理论性问题

邻接矩阵、网络图以及可测量的网络属性指标，是认识描述网络结构的必要起点。然而，要深刻理解网络的结构功能或涌现机制，需要更系统的分析框架，文献［Mogens and Contractor 2003］提议将多理论多层次(multi-theoretical multi-level，MTML）框架和 $p^*$ 统计技术[①]相结合，为跨层次复杂社会网络研究提供了基础，本节应用此框架开展分析研究。

首先，MTML 框架强调网络分析中理论的重要意义。不同的社会理论对传播网络做出不同的预测，其中可能有些是独特的，有些互为补充，有些理论之间甚至可能存在相互矛盾的地方，这些理论孤立来看，均不能

① $p^*$ 统计技术简单来说就是用来检验具有某结构特征的图实现是否在统计意义上具有更高的被观察到的可能性。参见 Monge，R. P.，Contractor，N. S.，*Theories of Communication Networks*，New York：Oxford University Press，2003，44-51。

提供一个完备解释。MTML 框架要求针对特定现象，识别出相关的社会理论，并考察这些理论机制与网络属性之间的对应关系，例如互惠性和密度之间的关系、认知平衡理论与聚集度之间的关系等。因此，利用 MTML 分析框架有助于网络动力学行为机制设计和对网络演化规律的理解。

其次，网络视角的主要好处之一是能够在不同层次（个体、二元、三元、亚组织、组织、组织间）收集和比较数据。然而，为了分析的便利，大多数网络数据被转变为单层分析，对不同层次的孤立研究，忽视了层次间的联系，破坏了数据的丰富性。虽然网络分析为每一层的理论预言提供了独立的统计学测试方法，但是要整合不同层次的网络数据，需要一个多层次假设测试的分析框架。MTML 框架与 $p^*$ 统计技术的结合，是值得关注的方法。

再次，把网络节点的组成变量信息并入网络研究的优势和可行性，是结构学学者之间长期存在争论的课题。传统的实证研究中，存在一些考虑个体属性的数据分析工作，但仅限于某个层次。如何将节点组成变量信息系统地应用于网络分析当中是值得考虑的一个方面。[①]

综合来看，网络分析框架可以通过图 2—6 来概括。通过知识传播网络视角来分析知识系统，关注的核心问题即图中中心位置所示的“网络结构”及其“内源机制”，在整体框架中需要考虑的还包括节点外源属性及网络外源关系信息。[②]

表 2—3 给出了更为细化、可操作的十级网络分析框架，其中每一级有一个隐含的假设，描述了影响特定图实例出现概率的相关属性。表中将影响变量分为内部变量和外部变量两部分，这些变量会影响当前网络中连接存在与否的概率。内部变量（endogenous variables）（表中 1～4 行）是影响网络实现的网络中关系的属性。外部变量（exogenous variables）（表中 5～10 行）是各种关系本身之外影响网络连接实现概率的属性，包括网络中成员的属性，网络中其他关系和网络先前时间上的关系，也就是图

① Monge, P. R., Contractor, N. S., *Theories of Communication Networks*, New York: Oxford University Press, 2003.

② 同上。

2—6 中所示的外源属性和外源关系两部分。

表 2—3　　测试组织网络假设的十级分析框架

| 独立变量 | 测量实例 | 假设 |
| --- | --- | --- |
| 内部：个体层 | 如中心度，结构自治性 | 社会资本理论（social capital theory），结构洞理论（structural holes theory） |
| 内部：二元层 | 共有性，互惠 | 交换理论（exchange theory） |
| 内部：三元层 | 可传递性，循环性 | 平衡理论（balance theory） |
| 内部：总体层 | 网络密度，中心势 | 集体行为理论（collective action theory） |
| 外部：个体层 | 年龄、性别、组织类型等 | 同态理论（theories of homophily） |
| 外部：二元层 | 有差别的共有性和互惠性 | 交换理论 |
| 外部：三元层 | 有差别的可传递性和循环性 | 平衡理论 |
| 外部：总体层 | 有差别的网络密度，中心化 | 集体行为理论 |
| 外部网络：其他关系 | 建议，友谊网络 | 认知理论（cognitive theory） |
| 外部网络：前一时点网络 | 传播网络 | 演化理论（evolutionary theory） |

资料来源：Monge，P. R.，Contractor，N. S.，*Theories of Communication Networks*，New York：Oxford University Press，2003.

在内部变量和外部变量中又分别可以区分为个体（individual）、二元组（dyadic）、三元组（triadic）以及总体（global）等几个不同层次。表 2—3 包含三列：第一列定义了考察变量；第二列提供了具体的网络度量的例子；最后一列是典型的网络假设。

十级网络分析框架概括了网络分析应用中涉及的不同层面，同时吸收了对应的社会学理论基础。在下面将要介绍的数据分析实例中，我们借鉴应用了上述分析框架，实践证明，MTML 框架为分析掌握知识网络特征提供了很大帮助。

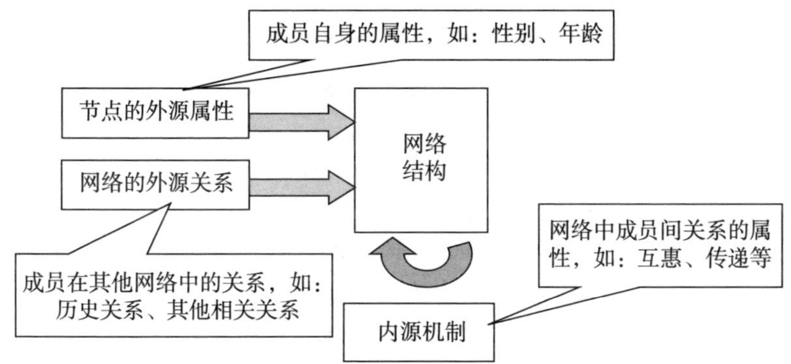


**图 2—6　网络结构分析整体框架**

资料来源：Monge，P. R.，Contractor，N. S.，*Theories of Communication Networks*，New York：Oxford University Press，2003.

## 2.2.2　结构分析的意义与步骤

下面我们要将这些理论和方法更紧密地与知识应用相结合。站在组织的立场上，将知识网络在组织中的映射概念化是很有用的。知识在网络中的位置可能在两种极端情况之间的连续范围内变化：一个极端是知识完全集中于中心部分一个特定主体；另一种极端是知识完全分散存在于多个不同主体之中。[①] 在分散知识的情况下，人们拥有相对独特的、无冗余的知识，知识存在于不同层次中，例如工作组、大型项目团队或组织间战略联盟等等，在应用实践中需要通过知识流、知识传播过程使组织成员的知识能力互相补充，从而通过协作高效完成复杂的任务。而单纯集中型的知识组织结构，在高复杂性、大规模的环境中难以满足激烈竞争的需求。[②] 实际的组织越来越多地依赖于分散的知识主体，所以在组织中如何协调分散的知识主体，促进知识传播和组织知识协作，有效利用组织内的知识资

① Farace，R. V.，Monge，P. R.，Russell，H. M.，*Communicating and Organizing*，Menlo Park，CA：Addison-Wesley，1977.

② Gore，A.，Jr.，"The Metaphor of Distributed Intelligence"，*Science* 272，1996，177.

源，成为关键问题，这也是本节所关注的核心。

社会网络对知识协作过程具有重要意义。社会管理领域的实证研究表明，虽然技术的发展使信息存储和访问连接更便捷，但是人们更多地还是通过其社会网络，而非数据库、文件系统这样的信息源，获得工作所需的必要信息。跨越正式组织结构边界的非正式传播网络，具有特别的灵活性，在知识协作中发挥着重要的作用。[①] 很多定性研究已经证实，组织团队通过促进人际互动，可带来知识管理的突飞猛进。[②] 人与人之间的交往互动，信息和资源实现交换传递，组织中的社会网络对组织创新能力也产生了重大影响。这方面影响传统组织行为学的观点有所涉及，但过去一直缺乏量化测评手段，许多研究仅停留在定性分析和推测的基础上，因此社会关系网络的管理目标被认为是含糊不清和难以捉摸的，这一局面随着社会网络分析理论与方法的成熟得到改观。

网络视角成为复杂系统研究的一个重要突破口，社会网络分析方法为开展量化研究提供了有效手段。在上一节介绍的理论框架指导下，选用适当的步骤和软件工具，研究者可以很容易地获得组织内外相关网络信息，开展定量分析，改善知识应用和知识创新。将社会网络分析方法应用于促进组织知识传播的实践中，我们概括出以下具体步骤（如图 2—7 所示）：

（1）数据收集。收集目标网络的各种数据资料。

（2）通过确定节点和连接边，构建网络。将非正式的知识相关网络可视化，以网络结构图形式直观呈现组织结构。这种刻画是分析和改进的第一步，作为反馈，可视化本身也是一种重要的干预措施。

（3）根据构建的知识网络，结合具体的量化指标，进行结构描述与探索性分析。通过整体结构图可以作粗粒度网络分析：如网络规模、凝聚子群划分，核心边缘节点分析等。当节点数目比较多时，这种分析必须与特定指标如网络密度、度分布、度中心性等等结合。

---

① Cross, R., Parker, A., *The Hidden Power of Social Networks: Understanding How Work Really Gets Done in Organizations*, Boston: Harvard Business School Press, 2004.

② McElroy, M., "Social Innovation Capital", *Journal of Intellectual Capital* 3 (1), 2002, 30 - 39. Lesser, E. L., Storck, J., "Communities of Practice and Organizational Performance", *IBM Systems Journal* 40(4), 2001, 831 - 841.

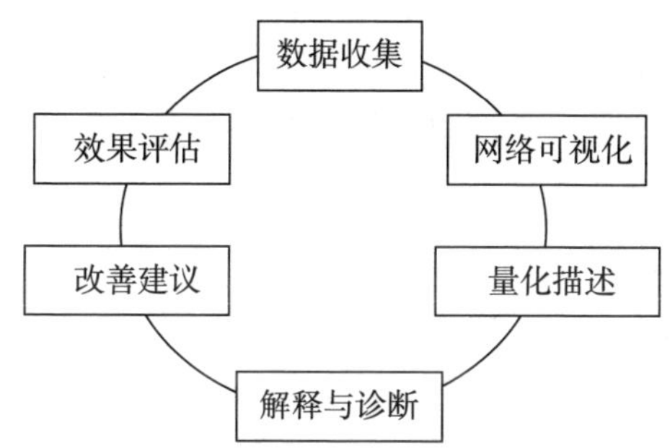


**图 2—7　社会网络分析在知识管理应用中的实施步骤**

(4) 结合具体组织环境解释各项网络指标的内涵，评判其对组织知识表现的影响。通过多粒度多层次的网络结构分析，不但能诊断网络构型的健康性，而且能分析各种结构产生的原因和发展规律。

(5) 针对发现的问题，结合不同的成因形成干预策略，有针对性地实施多样化改进措施。因此社会网络分析方法，既是诊断工具，也是变革的催化剂。我们还可以进一步规划网络发展方向，通过计算机模型研究知识网络结构的发展规律和趋势，以及干预手段可能产生的效果。

(6) 通过实际的干预措施促进组织变革，改进组织知识管理效率，并可以再次借助社会网络分析方法衡量改进方案的实施绩效。

整个应用过程是一个螺旋式上升的循环，可以从最基本的网络分析入手，推动组织知识管理不断前进，使知识管理能力不断提升。

人际网络是知识传播的重要途径，网络分析的视角和方法如何协助我们了解知识传播现状，改善知识传播过程，促进组织的知识能力。在下一节中，将应用前面介绍的网络分析方法，对实际组织中的知识咨询网络开展具体分析，这也是后面的动态建模和改善措施设计的基础。

## 2.3　实证研究

实证研究是建模的起点，为构建模型提供了原型基础以及验证参照，理论研究通常也是由实证研究推动的。这一节将结合中国人民大学经济科学实验室的具体实例，应用前面介绍的各个步骤。我们的实践发现将社会网络分析方法应用于知识管理，可以锁定目标，提高效率，有效支持组织决策，促进知识能力提升；同时具体的实例分析，丰富了对社会网络指标的应用解释。

### 2.3.1 数据收集

前面介绍过网络数据主要由节点和连接边构成，这里我们将实验室中每个被调查的成员，视为一个节点。为了研究组织中的知识传播，我们考察了成员之间与知识相关的联系，这部分信息构成网络的结构变量。反映成员个体属性信息的组成变量，如性别、年龄等，对理解网络构型成因和发展演化趋势具有一定帮助。在我们的应用实例中，收集了上述两类信息，构建网络阶段主要关注结构变量，进行分析时考虑了节点的组成变量。

具体应当考察哪一类网络连接关系，根据研究目标确定，从社会资本的角度考察组织结构，重点关注四类连接关系构成的网络：友情网络、信任网络、咨询网络和情报网络，其中友情网络与信任网络在中国社会中相互重叠，咨询网络在中国社会的研究中显示出重要性。① 本节的网络分析是为知识传播和知识管理服务的，所以我们收集的网络信息包括：知晓网络，联系可达网络，咨询网络，知识转移网络，友情网络。② 各种网络关系的含义参见表 2—4。在分析部分我们首先介绍了几种不同属性网络之间的联系，具体网络分析主要围绕咨询网络和友情网络展开。

我们获取数据主要通过两种方式：(1) 跟踪观察实际情况，比如通过 e-mail 消息、内部即时通讯等；(2) 利用问卷调查的方式，辅助以重点访谈。本节所作研究主要通过问卷调查方法，由被调查者根据问卷提示信息进行选择，对相关网络进行自我描述。

根据所考虑的网络范围，社会网可以分为自我中心社会网（ego-center network）和整体社会网（complete network）。自我中心社会网主要考察社会连带（social tie），无法分析网络结构。整体社会网则相反，是测

---

① 参见罗家德：《社会网分析讲义》，北京，社会科学文献出版社，2005。

② Cross, R., Parker, A., Borgatti, S. P., "A Birds-eye View: Using Social Network Analysis to Improve Knowledge Creation and Sharing", *Knowledge Directions* 2 (1), 2000, 48-61.

表 2—4　知识管理中的网络类别及含义

| 网络类型 | 含义 | 意义 |
| --- | --- | --- |
| 知晓网络 | 网络个体对其他个体所拥有知识、技能的了解程度 | 知识传播的前提 |
| 联系可达网络 | 网络中个体之间能够互相访问到的可能性 | 知识在组织内传播的成本 |
| 咨询网络 | 网络中个体间相互咨询状况 | 反映个体间的了解与信任关系，使知识传播成为可能 |
| 友情网络 | 网络中个体间私人交往的亲密度 | 可能与知识传播、转移所需的信任关系联系密切 |
| 知识转移网络 | 网络中个体间实际的知识传递、转移情况 | 反映组织知识共享、传播、创新的能力 |

量网络结构最重要的方法。① 我们的调查对象，属于具有明显边界的相对封闭性网络，而关注点也在于组织整体的知识传播和知识管理，因此我们主要从整体着眼，分析组织的网络结构，对其中关键节点再作细粒度的个体中心社会网分析。

### 2.3.2　网络可视化

用图形的方式把社会网络直观地呈现出来，这个过程称为网络可视化。过去，网络可视化仅仅被用于展示社会网络分析研究的结论。而帕特里克·科尼斯（Patrick Kenis）的研究论证了凭借可视化技术手段，能够进行一些以往单凭数值计算无法完成的社会网络分析；其作用远超出演示研究发现的工具。② 网络可视化有助于展现不同社会网络之间的差异，能够促进数据所有者间的交流，帮助研究者挖掘网络特征，甚至还能用以获得一些新的解释。

依照前一节中提出的分析框架，第一步我们借助软件工具 Ucinet 将

① 参见罗家德：《社会网分析讲义》，北京，社会科学文献出版社，2005。

② Brandes, U., Kenis, P. N., Raab, J., “Explanation through Network Visualization”, *Methodology: European Journal of Research Methods for the Behavioral and Social Sciences*, 2 (1), 2006, 16-23.

所收集到的反映咨询连接的数据绘制为网络结构图，如图 2—8 所示。依据节点组成变量中“所属项目组”和“所在年级”信息，将同属一个项目组的节点放在一起，同时根据项目小组的功能特性，实线圈中的小组以软件设计开发类项目为核心，虚线圈中的小组以理论化的研究实验为核心。

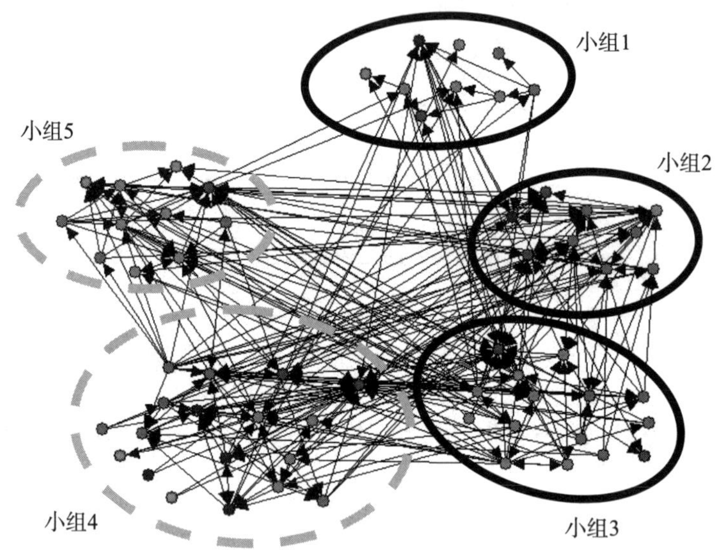


**图 2—8 实验室知识咨询网络结构图**

虽然节点数量超过 60，很难通过直接观察得到明确结论，但是从图上看来，可以得到这样两点直观结论：

（1）不同项目小组的内部连接情况存在差异；小组间连接与小组内连接的紧密程度有明显区别。

（2）整个网络中存在具有很多连接边的中心节点，同时也存在连接很少的边缘性节点，节点在咨询网络中地位不均衡。

至于上述现象具体的程度如何，这样的结构是如何形成，对组织的知识应用有何正面或者负面的影响，在下一节中我们将结合具体环境以及量化指标作进一步解释与分析。

### 2.3.3 调查结果分析

我们从以下方面着手进行具体的定量分析：

1. 整体网络结构

网络的规模应从两个方面描述：节点个数，连接边数。

节点：封闭组织内部成员。前面图2—8中共包括63个节点。在组成变量上，纵向分为硕士生3个年级、博士生和教师（这里我们将“教师”看作特殊的年级层次），横向来看分为5个项目组。

连接边：这里考察的是咨询关系，具有方向，从发起咨询的行为者指向被咨询行为者，没有考虑权重。调查得到咨询连接图中共包含290条咨询连接边。

整体结构特点，若不考虑方向，我们忽略咨询是由谁向谁发起的，只是关注通过咨询关系所建立起来的节点对之间的连接。表2—5对比列举了被视为有向图和无向图时，咨询网络结构的综合指标。

表2—5　网络结构指标

| | 平均度 | 平均距离 | 直径 | 密度 | 分裂度 | 传递程度 |
|---|---|---|---|---|---|---|
| 有向 | in：4.92<br>out：4.92 | 3.074 | 7 | 0.079 4 | 0.774 | 38.65% |
| 无向 | 9.21 | 2.111 | 4 | 0.148 5 | 0.468 | — |

指标具体的计算方法和数值含义，参见文献①，这里我们更关心指标的应用含义。平均度反映了咨询连接活跃程度，平均距离反映了通过咨询关系使人们联系起来的远近，直径反映了整个网络中节点间的分离程度，即网络的大小（参见定义2.5），密度反映了网络中连接边的稀疏程度。分裂度通过0—1之间的数值，体现了组织分裂为子结构，以及子结构之间的差异化程度。传递程度（transitivity）体现了这个网络中特定的三元

① Wasserman, S., Faust, K., *Social Network Analysis: Methods and Applications*, Cambridge, UK: Cambridge University Press, 1994. 参见罗家德：《社会网分析讲义》，北京，社会科学文献出版社，2005。

组结构——传递关系——出现的比例，反映了网络的局部结构化特征。咨询网络中的传递性是指实验室中成员 $u$ 向 $v$ 发起咨询，而 $v$ 向 $w$ 发起咨询，很可能 $u$ 也向 $w$ 发起咨询。

各项指标显示，调查中的咨询网络密度比较低，平均度不高，有向图的直径和分裂程度均比较高，反映出网络连接比较稀疏，而且存在一定的结构差异。同时该网络还体现出社会网络中普遍存在的结构性，咨询关系存在传递性。传递程度反映了网络的层次趋势，被咨询者相对于提出咨询的人是具有一定知识优势的，这种知识优势是具有层次性和传递性的。

2. 不同维度网络之间的相关——网络的外源关系分析

首先，我们跳出单一属性连接关系的局限，考察围绕知识传播的几类不同网络之间的相关性，通过此处的分析，了解可能对知识咨询和知识转移产生影响的关系类型。我们通过二次指派程序（quadratic assignment procedure）相关性方法来研究调查得到的几类网络之间的关系。[①] 结果参见表 2—6。

**表 2—6　　咨询网络与其他网络相关性**

| 网络 | 简单匹配值 |
|---|---|
| 咨询网络与知晓网络 | 0.863 |
| 咨询网络与联系可达网络 | 0.724 |
| 咨询网络与友情网络 | 0.879 |
| 咨询网络与友情强连接网络 | 0.902 |
| 知识转移网络与咨询网络 | 0.892 |
| 知识转移网络与友情网络 | 0.857 |
| 知识转移网络与友情强连接网络 | 0.878 |

因为这里我们考虑的网络均为二值的，所以我们采用“简单匹配值”（simple matching value）。[②] 该匹配值越大，反映相应的其他网络与知识咨

① Borgatti, S. P., Cross, R., “A Relational View of Information Seeking and Learning in Social Networks”, *Management Science* 49 (4), 2003, 432-445.

② Hanneman, R. A., Riddle, M., *Introduction to Social Network Methods*, Riverside, CA: University of California, 2005.

询网络的相互关系越密切。比较所得到的数值，我们发现友情强连接是对知识咨询影响最强的外部因素，而联系可达关系影响相对比较小。依照我们的规定，在调查中彼此互相选择认可的友情关系为强连接，而只有一方单向选择的关系为弱连接。我们看到对于知识传播来说，友情强连接的作用比弱连接的作用更显著。

上述发现对于我们制定改善计划很有益处，联系可达性体现了个体间传播所需的物理连接，由 e-mail、手机或者其他工具提供支持；而友情强连接反映的是双向的私人关系。调查结果显示，增进友情强连接关系而非物理连接是改善实验室知识咨询现状最有效的方式。

友情网络与知识传播的强相关性，意味着友情网络研究和改善对促进知识传播具有重要意义。虽然友情的确立是情感和社会化的过程，但我们仍然可以尝试通过新的信息技术来辅助这一过程。

3. 跨边界障碍分析

咨询网络是一种非正式网络，非正式网络可能在正式网络的边界存在一定程度的割裂：正式网络子结构内部成员的联系比较紧密，但子结构之间的联系则比较稀疏。这种边界的存在，意味着交流的欠缺，可能使得整个组织的传播受到限制。调查实例中的正式网络存在于两方面：一方面为“科层性”结构，表现为教师、博士生与硕士生各个年级之间的划分；另一方面，一些相对固定的研究小组，构成横向“功能层面”的结构划分。

我们考察各小组内部和小组之间连接密度指标的对比状况。表 2—7 中列出了 5 个不同的科研小组之间的对比，表 2—8 列出了各个层级之间的对比。这里忽略了咨询联系的方向性，因此只列出了对称矩阵的上半区域。这个结果在一定程度上印证了我们从图 2—8 获得的直观结论。首先，不同小组内的连接密度是有区别的。小组 1 与小组 5 相对比较高，而小组 3 和小组 4 相对较低。但总的来说，组内连接基本上属于不太高也不太低的范围，即咨询产生的组内交流联系属于中等水平，对于知识传播是比较适宜的。

表 2—7　　组内—组间连接密度

| | 小组 1 | 小组 2 | 小组 3 | 小组 4 | 小组 5 |
|---|---|---|---|---|---|
| 小组 1 | 0.44 | 0.06 | 0.09 | 0.07 | 0.08 |
| 小组 2 | | 0.33 | 0.16 | 0.17 | 0.14 |
| 小组 3 | | | 0.22 | 0.12 | 0.12 |
| 小组 4 | | | | 0.26 | 0.07 |
| 小组 5 | | | | | 0.47 |

表 2—8　　层内—层间连接密度

| | 教师 | 博士生 | 硕士生 3 | 硕士生 2 | 硕士生 1 |
|---|---|---|---|---|---|
| 教师 | — | 0.23 | 0.23 | 0.27 | 0.21 |
| 博士生 | | 0.47 | 0.08 | 0.12 | 0.06 |
| 硕士生 3 | | | 0.26 | 0.12 | 0.05 |
| 硕士生 2 | | | | 0.23 | 0.06 |
| 硕士生 1 | | | | | 0.21 |

相对于组内连接密度，组间连接密度明显较低。特别突出的是小组 1，其组内连接密度为 0.44，而与其他各小组之间的连接密度均不足 0.1。前三个组的任务类型都是项目开发，具有一定的相似性，彼此之间的互相学习借鉴，将会促进整个组织的效率，所以小组间交流欠缺情况亟待改进。同时，我们注意到小组 2 的各项指标均比较好，在组内、组间的连接上都处于相对适中水平，值得提倡和学习。这个小组的组织方式也因此引起了我们的兴趣，这个组在调查时组建时间并不很长，许多同学之前或同时参加了别的小组。因此我们改善小组间联系时，可以考虑有意识地通过新的项目将不同背景的人组织起来，促进小组间人员的沟通。小组内部的组织上也应该借鉴一定的制度控制，如例会制度、定期交流活动。

不同层级之间咨询连接情况的分析，与上面的思路类似。表 2—8 显示教师与其他各个年级组之间的连接都比较紧密，在我们分析的实验室背景下，因为教师具有更多资源和较高的能力，这种结构是正常也是高效率的。此外，与上面项目组间的障碍类似，边界壁垒一定程度上也存在于年级之间，各年级内的交流相对年级之间要频繁。与前面的结果比照，可以看出咨询交流主要还是受项目小组的限制。这里特别值得注意的是硕士生1与其他各个年级的交流明显有待提高，这次调查是在一个学年将结束之际，现在的一年级同学（硕士生1）也已经加入团队了近一年的时间。在改进工作中，应当特别注意使新加入成员快速融入整个团队。

4. 中心性分析

“权力”是社会学中的一个重要概念，它反映了行为者在其社会网络中所处的地位及影响。一个人之所以拥有权力，是因为他与其他人存在关系，可以控制、影响他人。社会网络分析方法从“关系”的角度出发，定量地界定权力，并且给出了多种关于社会权力具体的形式化定义，即各种中心度和中心势指数。

我们通过社会网络的中心性分析，对组织中由知识和信息的权威性产生的权力作量化分析。中心度概念是针对节点的中心性，而中心势则是针对一个作为整体的网络的中心性。中心性是社会网络分析的重点之一，行为者越处于中心位置，其影响力越大。就整个网络来说，具有过高或过低的中心性都不利于知识的共享和传播。[①] 对于过高的中心性，行为者会因负荷过多，而倍感压力，同时，一旦其离开组织，整个网络的连通性将大受影响，甚至出现完全分裂的小团体。另一方面，过低的中心性又会导致网络过度分散，缺少权威人物，同样不利于知识传播。“中心性”分析还可找寻网络中处于边缘地位的行为者，他们可能会觉得自己得不到重视，工作积极性受挫，还可能是未被充分利用的专家，以及某些可能会失去的知识资源，对这类行为者的关注，有利于防止知识流失。

根据计算方法和侧重角度不同，中心性指标可以分为点度中心性（degree centrality）、中介中心性（betweenness centrality）和接近中心性（closeness centrality）等几类。点度中心性是以节点的连接度为出发点，最根本的思想是：连接度高的节点中心性大，而网络的点度中心势计算方法是，首先找到网络中的最大中心度数值；然后计算该值与任何其他点的

① Wasserman，S.，Faust，K.，*Social Network Analysis：Methods and Applications*，Cambridge，UK：Cambridge University Press，1994.

中心度的差，得到多个“差值”；再计算这些“差值”的总和；最后用这个总和除以差值总和的最大可能值（实际就是星形网络中的情况）。① 网络的点度中心势 $C$ 可以用以下公式表示（其中 $n$ 为网络节点数）：

$$C=\frac{\sum_{i=1}^{n}(C_{\max}-C_i)}{\max\left[\sum_{i=1}^{n}(C_{\max}-C_i)\right]}=\frac{\sum_{i=1}^{n}(C_{\max}-C_i)}{n^2-3n+2} \tag{2.6}$$

我们调查得到的实验室咨询网络中心性指标如表 2—9 所示。进一步结合网络度分布，图 2—9 显示了节点入度、出度的分布情况。

**表 2—9　　网络中心性指标**

| | |
|---|---|
| 网络中心势 | 32.97% |
| 网络中心势（基于出度） | 36.186% |
| 网络中心势（基于入度） | 39.464% |

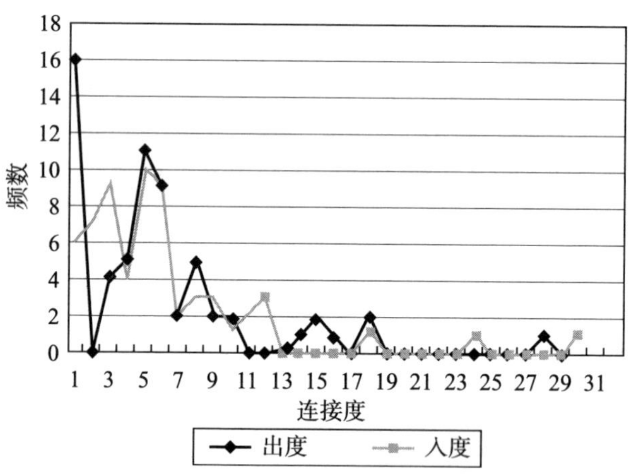


**图 2—9　知识咨询网络度分布图**

① Hanneman, R. A., Riddle, M., *Introduction to Social Network Methods*, Riverside, CA: University of California, 2005.

虽然节点数还不足以判断此连接度分布是否符合幂律分布，但是我们从分布图中还是可以看到实验室咨询网络入度、出度分布都显示出集中性，度数较低的节点比较多，度数较高的节点也存在，但数量较少。对整个网络来说，节点的度分布可以作为衡量网络结构的标准。

具体地观察网络中的特定节点，图 2—10 显示的是一个项目组内的咨询网络图。从图中我们可以直观地发现两个处于中心地位的行为者：LY 和 ZRS。计算该网络中所有成员的点度中心性，结果如表 2—10 所示。与观察一致：LY 的中心性处于最高水平，达 90%，其次是 ZRS，为 60%，整个网络的点度中心势为 63.33%。

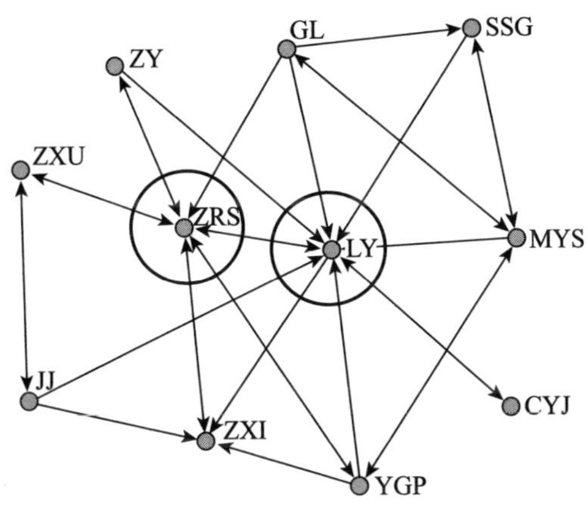


**图 2—10　项目组知识咨询网络结构图**

通常人们会以为联系越多的成员越有优势，其实并非总是如此——如果一个行为者只与一个联系很紧密的私党小群体（clique）中的成员联系，因为小群体中的成员彼此已经互相有联系了，即便该行为者离开这个社会网络，对网络中的信息流通也没有什么影响。可见“点度”指标无法完全衡量一个节点在网络中的地位和作用，节点地位还会受到其邻居度数的影响，也就是说，一个行为者的中心地位优势不但取决于他与多少人有连接关系，而且取决于他所连接的人的实力如何（有多少连接）。我们可以将节点本身的度数以及他的直接邻居的度数结合起来考察，度中心性指标 $c_i$

表 2—10　　网络节点点度中心性指标

| 序号 | 姓名 | 度中心性 | 标准化度中心性 |
|---|---|---|---|
| 4 | LY | 9.000 | 90.000 |
| 5 | ZRS | 6.000 | 60.000 |
| 1 | ZXI | 4.000 | 40.000 |
| 7 | MYS | 4.000 | 40.000 |
| 11 | GL | 4.000 | 40.000 |
| 10 | YGP | 4.000 | 40.000 |
| 3 | JJ | 3.000 | 30.000 |
| 8 | SSG | 3.000 | 30.000 |
| 2 | ZXU | 2.000 | 20.000 |
| 6 | ZY | 2.000 | 20.000 |
| 9 | CYJ | 1.000 | 10.000 |

应当是两者的函数，可以用公式（2.7）表示：

$$c_i = \sum A_{ij}(\alpha + \beta c_j) \qquad (2.7)$$

式中，$A$ 为邻接矩阵；$c_i$ 为节点 $i$ 的中心性；$\alpha$ 和 $\beta$ 均为参数。这个公式表示节点的中心性由他所连接的节点的中心性决定。参数 $\alpha$ 的值用来将这个指标标准化，它是自动选择的，以使节点中心性的平方和能够等于网络的大小。参数 $\beta$ 的值可由用户指定，它反映了每个节点中心性对他邻接节点中心性的依赖程度大小。它的取值反映了两种认识：当它取正值时，反映出节点优势地位会随着他所连接节点拥有连接数的增加而增强，即与具有影响力的、中心性高的成员连接意味着获得更高的影响力；相反地，当它取负值时，认为当一个节点所连接的成员中心性比较低时，他被依赖的程度越大，因此优势地位越强。很难说哪种观点是正确的，这启发我们可以从两个角度来对比分析。两种不同符号的取值结果显然是不同的，下面列出了 $\beta$ 分别取 +0.5 和 −0.5 时调查的咨询网络中中心性最高的前五个节点（见表 2—11）。我们发现，在这两种符号的参数取值条件下，一个行为者 CY（序号 1）都具有很高的中心性，这意味着这个节点可以说是

表 2—11　网络中节点中心性

| 排序 | β=+0.5 | | | β=−0.5 | | |
|---|---|---|---|---|---|---|
| | 序号 | 姓名 | 中心性 | 序号 | 姓名 | 中心性 |
| 1 | 25 | LL | −7.120 | 14 | LY | 9.779 |
| 2 | 1 | CY | −6.911 | 61 | YLL | 7.610 |
| 3 | 2 | FMQ | −5.406 | 42 | SYH | 7.134 |
| 4 | 59 | xCY | −5.341 | 28 | JJ | 6.761 |
| 5 | 44 | ZYZ | −5.332 | 1 | CY | 6.460 |

网络中作用非常突出的中心节点。这样的区分对我们的实际行动也是很有指导意义的，比如要进行知识或信息的传播扩散，选择通过前一类中心节点可能速度快、效率高，而通过后一类中心性强的节点可能会保证覆盖范围比较广。

中介中心性可用来衡量节点对网络中信息流动的重要程度，必须经过该节点的关键路径（最短路径，又称为测地线）数越多，节点的中介度越高，节点在网络信息流动中的影响就越大。在知识传播中，利用中介中心性分析可以有效地发现网络的瓶颈，如中介度高的节点是否造成了信息或知识传递的障碍？是否暗示存在过分依赖某个成员的问题？管理者可以根据分析结果制定相应的对策，如加强某些节点的重要性，改善某些节点的待遇以保持组织关系网络的畅通和稳定等。中介度与信息传播具有密切关系，后面我们还会应用到这一指标。

回到调查实例，我们得到的咨询网络中介中心性如表 2—12 所示。ZRS 的中介中心性是最高的，达 48.796%，其次是 LY，为 36.481%，YGP、MYS 的中介中心性也处于较高水平。整个网络的中介中心势为 39.45%。

综合来看，该实验室咨询网络的中心性是比较适中的，以 LY 和 ZRS 为代表的核心节点在整个组织中发挥着积极作用，有效促进了知识传播。但 ZY、CYJ、SSG 等节点的中心度太低，成为了该网络的边缘人物，LY、ZRS 应该在今后的研究、学习中加强与他们的交流。

表 2—12　　网络节点中介中心性指标

| 序号 | 姓名 | 中介中心性 | 标准化中介中心性 |
| --- | --- | --- | --- |
| 5 | ZRS | 43.917 | 48.796 |
| 4 | LY | 32.833 | 36.481 |
| 10 | YGP | 22.917 | 25.463 |
| 7 | MYS | 17.500 | 19.444 |
| 3 | JJ | 3.583 | 3.981 |
| 2 | ZXU | 3.000 | 3.333 |
| 11 | GL | 2.250 | 2.500 |
| 1 | ZXI | 2.000 | 2.222 |
| 9 | CYJ | 0.000 | 0.000 |
| 8 | SSG | 0.000 | 0.000 |
| 6 | ZY | 0.000 | 0.000 |

进一步扩展，还可以得到接近中心性的概念，这个概念强调了每个行为者到达网络中所有其他行为者的距离。因为该项指标要求网络为全连通的，本实例中的咨询网络不满足，所以此处对接近中心性指标不做展开。

实际上从点度中心性到接近中心性，“中心性”这个概念所反映的信息越来越全局化，更能反映单个节点在整体结构中的位置。

5. 小团体分析

小团体（subgroup 或 cliques）是指团体中的一小群人关系特别紧密，以至结合成一个次级团体。这是一个网络的总体结构指针，在研究中国人的组织行为时是一个重要的概念。最近有实证研究发现，较为理想的网络拓扑结构是组织中存在一些内部密度较高的小团体，同时各个小团体之间又具有一定的联系，这有利于团队之间知识的互补、传播，提高组织的知识管理绩效。[①]

首先，社会网络分析可以协助发现、分析这些小团体以及小团体之间的“桥梁”，即充当小团体之间信息沟通、知识传播代理的角色。[②] 以这

---

① Cross, R., Prusak, L., “The People Who Make Organizations Go or Stop”, *Harvard Business Review* 6, 2002, 104-112.

② Borgatti, S., *Basic Social Network Concepts*, http://www.analytictech.com/borgatti, 2002.

次研究实例中的一个项目组为例，根据行为者从谁那里获得过对问题解决有实质性帮助的知识，形成如图 2—11 所示的知识转移网络结构图：

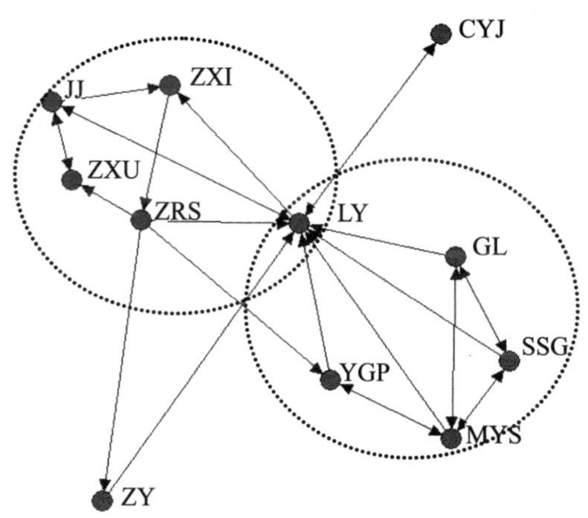


**图 2—11　项目组知识转移网络结构图**

如图 2—11 所示，JJ、ZXI、ZXU、ZRS 和 LY 形成一个小团体，GL、SSG、MYS、YGP 和 LY 形成另外一个小团体，同时 CYJ 和 ZY 不属于其中任何一个小团体。而现实情况是，CYJ 和 ZY 的研究方向与其他人较为不同，所以在知识网络中没有进入任何小团体；JJ、ZXI、ZXU 三人同年级同专业又同宿舍，从本科到现在已经同窗六年，因此经常在一起讨论交流，博士生 ZRS 与他们的研究领域相同，于是四人的联系比较紧密；GL、SSG、MYS、博士生 YGP 与上述情况如出一辙，可见这两个小团体具有很大的相似性；同时，由于 LY 的积极作用，使得双方之间的合作成为可能，LY 即是两个小团体的"桥梁"，应进一步发挥作用，促进双方之间的知识传播。

除此之外，我们可以从不同小组构型成因的角度来分析。对不同的项目小组分别作小团体分析，比较其构型差异。回忆前面曾介绍过的图 2—8 实验室社会网络图中，实线圈起来的小组是以项目开发为主的一类小组，而虚线圈起来的是以理论研究为主的小组。我们发现不同功能侧重的小组中，出现了两种典型的构型，前一类可以视为整体形成一个组，其中包含几个独立行为者成员，或者说一个相对紧密的小组以及一些独立行为者与其具有比较松散的联系；后一类则比较均衡地分成几个小团体，每个小团体中至少包含两个人，各小团体之间在联系的地位上比较均衡。最典型的构型出现在小组 3 与小组 5，其小团体构型如图 2—12 所示。

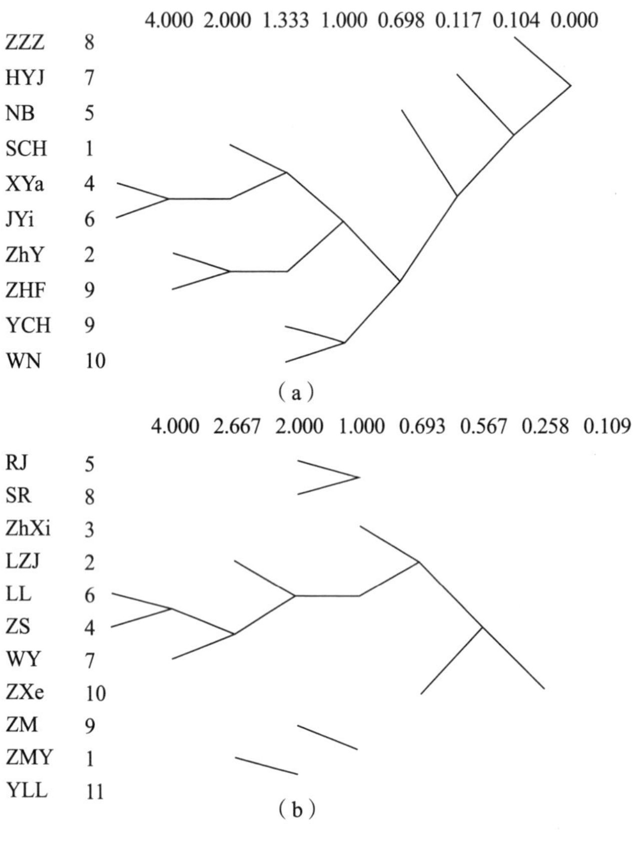


**图 2—12　不同类型项目组小团体构型图**

这样的构型差异，在一定程度上可以由小组的功能构成来解释，为不同类型小组的知识传播策略制定提供了启发。首先对于项目开发类小组，可能存在一些相对独立的任务，由个体独自承担，形成了单个行为者构成的小团体。从整个小组的管理来考虑，需要特别注意不能使这样的个体脱离整个团队，虽然在任务模块上可能有一定的划分，但整个团队应当是相互了解的，个体太远地游离于团队之外可能成为知识传播中的盲点，对于发挥集体的优势是不利的，这是在组织管理中需要特别注意的。在另一类研究性小组中可能分为一些各有侧重的具体方向，形成相对独立的小团体，结合前面的分析，我们应当注重在这些小团体之间构建“桥梁”连接，从而提高整个小组的效率。

### 2.3.4 结论与措施

综上所述，社会网络分析为我们了解群体中人际知识网络结构，研究组织内的知识传播，支持组织知识管理提供了有效的量化方法。从我们的实例来看，至少可以得到以下几个方面的启发：

从整体结构上，通过小组内和小组间咨询连接密度差异对比，考察在功能部门边界或者正式科层之间的阻隔情况，分析其成因以及对知识管理的影响，有助于形成针对性的改进措施。

从关键节点来看，可以关注中心节点、边缘节点和跨越小组正式边界的节点。

（1）中心节点。首先，应加大信息的共享，使中心度较高的行为者占有的信息和知识，成为整个组织通过其他渠道可获得的，减小对中心节点直接咨询带来的压力；其次，分散中心行为者的部分任务，使其能够集中精力于核心功能。此外，培养建立更多的不依赖于中心节点的咨询连接，形成更加均衡的结构，有更多数量的中心节点，但降低每个节点的中心性，保证信息和知识的传播效率。

（2）边缘节点。在知识网络中，边缘节点的存在反映出组织中存在一些未得到充分利用的专家，因此能使他们重新回到组织中，也是组织能力获得提升的潜在机会。网络中的外围节点虽然对当前整个网络构造形成或维持所起的作用是最微不足道的，然而，从更广泛的视角去看，外围节点很可能是更大规模的社会网络群落之间的边界跨越者，他们跨越的广度可能使他们对当前网络中的信息输入输出起着非常关键的作用。因此我们需要在技术上、制度上和文化上，加速新成员融入团队的过程，发挥相对边缘节点的积极作用。

（3）跨越小组正式边界的节点。边界跨越者通常是最有创造性的节点，因为他们能够从不同的群体中获得多方面的信息，综合不同的知识或思路，形成新的创意。这类节点通常发挥了“桥梁”性质的作用，成为跨越组织边界的长程连接，使得整个组织的平均距离得以显著降低，对促进组织中信息传播具有非常关键的作用。对这类节点的激励不容忽视，同时还可以考虑在组织中建立一定数量的替代或补充，在一定程度上减轻对这类节点的特定依赖。

通过上述分析可以看到，根据社会网络分析方法发现的干预方向，找出战略性节点，采取有针对性的改进措施，是促进组织知识传播与知识管理的起点。

## 2.4 小　结

复杂网络的相关研究进展为我们认识复杂系统提供了一种新的视角，社会网络分析方法为社会领域的应用研究提供了重要的量化手段。本章我们首先介绍了网络分析理论中涉及的重要概念和基本方法，给出了基本指标的定义和计算方法，并介绍了社会网络分析方法基础。在 2.2 节讨论了网络分析中存在的理论性和层次性问题，提出了本章研究的分析框架。在 2.3 节中，结合实验室的具体实例，为促进知识传播和知识管理，展开了网络结构分析。

实例分析表明，社会网络分析能够量化组织内的知识关系，分析出存在的问题，结合各种网络结构指标，为管理提供全面支持。分析和挖掘社会网络结构关系是我们的初级目标，在了解网络结构的基础上，构建先进的机制、系统，改善知识组织，使知识的传播、分享、搜寻和扩散过程能更有效地利用社会网络，是我们更进一步的目标。这些问题将需要更多的交叉领域研究，包括信息技术、社会心理、管理等方面，在后面几章中将展开更深入的分析。

第

章

# 知识传播的计算机建模研究

上一章由复杂网络概念出发，介绍了复杂系统研究的一个侧面。在这一章中，将进一步以复杂系统的观点来分析知识传播问题：首先讨论复杂系统的特征，以及知识系统的复杂适应性；接下来，介绍了特别适用于复杂适应系统特征的研究方法——计算机建模。我们探讨了如何应用多主体建模技术分析知识传播系统，将知识传播与社会网络的概念相结合，通过计算机模拟实验，研究了这一复杂过程中微观基础和宏观表现之间的相互作用。重点讨论了不同网络结构基础对知识传递、转移和一致观念形成的影响，并研究了个体之间传播关系建立、保持、消除等动态过程。通过计算机建模研究加深了对知识传播过程规律的认识，得到了一些支持组织知识协作的有益启发，有助于在系统设计中制定有效策略。

## 3.1 理论基础

### 3.1.1 系统理论的发展

系统这一概念早在古希腊

时代就有了，当时是指复杂事物的总体。关于系统的理解，科技界和哲学界的认识仍然很不一致，众说纷纭。国内外学者给系统所下的定义不下几十个。但综合来看，其中有三项是普遍的、本质的东西：其一是系统的整体性；其二是系统由相互作用和相互依存的要素组成；其三是系统受环境影响和干扰，与环境发生相互作用。①

事实上，人们对系统这个概念的理解是随着实践的深入而不断加深的。我们身边存在着各式各样不同层次的系统，低层次的组成部分以特定方式结合在一起，作为整体发挥作用。有些系统很简单，比如由滑轮和皮带组成的传输器、包含精巧配件的手表等，构成这些机械系统的零配件严格遵照物理规律运转，即系统组成元素是死的，而且其活动基本上不受随机因素支配。早期对系统的研究多着眼于这类工程系统，比较典型的研究方法是控制论和运筹学。还有一些系统，具有大量的组成元素，元素以随机的方式运行，元素之间的耦合微弱，热力学系统是典型的代表。这类系统虽然构成元素数量巨大，但可以通过概率统计方法掌握其运行规律，仍然可被视为比较简单的系统，也有学者称其为“无组织”的复杂系统。②这两类系统通常都处于有序平衡的状态，遵循牛顿力学或热力学第二定律，可以用比较少的变量描述，容易控制和预测。

在生活中还普遍存在着另外一类系统。系统中包含元素数目比较多，元素间存在强烈的耦合作用，系统运行过程中蕴涵随机因素，但整体在不断的动态变化中又表现出规律性。即使仅考虑元素之间遵从简单规则约束的相互作用，因为非线性因素存在，正反馈的放大效应使系统状态对初始条件非常敏感，具有很强的不确定性，很难预测和控制。随着系统开放度增加，系统与外界之间存在能量流，系统可能处于远离平衡状态。这些特征都标志着复杂系统与之前的工程系统和热力学系统具有显著的区别，系统中包含大量具有意识和目的的主体，主体之间有频繁紧密的相互作用，系统处于一种动态平衡。比如互联网，生物体内的新陈代谢系统，自然界

---

① 参见许国志：《系统科学》，上海，上海科技教育出版社，2000。

② 参见周光召：《复杂适应系统和社会发展》，2002，http：//www.bjkp.gov.cn/kjbgt/k20841-01.htm。

中的生态系统，经济领域的贸易系统等等。这些系统被称为复杂系统（complex system）。更为精妙的是，在这些不同尺度、不同领域的系统中，相似的结构性不断涌现，从而也在系统层次表现出一些相似的特性。关于其结构特征及影响我们在上一章中已做过介绍，本章我们将更进一步了解复杂系统的形成、演化以及结构功能之间的动态相互作用。

如果把组织中以知识创新、知识应用推广为目的的相关因素构成的聚合体称为知识系统的话，那么知识系统无疑是典型的复杂系统。要想实现对知识系统的运行管理，改善其效率并辅助知识过程，首先要增进对知识系统运行规律的理解。通过上面的分析可以看到，对这类复杂系统的理解、预测和控制都不是直接显然的。所以，首要问题就是了解掌握知识系统的运行规律。

为解决复杂系统认识中的问题，有不少理论被提出，形成复杂系统研究的不同学派，比如系统动力学派、混沌学派、结构主义学派、后现代学派以及适应学派等。[①] 纵览这些理论，我们认为约翰·霍兰（John Holland）教授提出的复杂适应系统（complex adaptive system，CAS）理论，为复杂系统的描述和研究提供了比较完整的理论框架，概括了复杂系统的一般特征，基于此理论体系，不同系统间的研究与比较有了统一的分析基础。[②] CAS理论特别适合于此处我们对知识系统的研究，下面我们先简单介绍此理论的一般概念。

### 3.1.2 复杂适应系统理论的基础

复杂适应系统理论是约翰·霍兰教授于1994年在圣塔菲研究所成立十周年时正式提出的，它为人们认识、理解、控制、管理复杂系统提供了新的思路。

所谓复杂适应系统，是指系统与外部环境交互作用的过程中，通过自适应改变系统本身的组织结构和行为特点，从而不断向前发展和演化。CAS理论包括微观和宏观两个方面。微观方面，组成系统的元素被视为

---

① 参见陈禹：《系统科学与方法概论》，北京，中国人民大学出版社，2006。

② 参见约翰·霍兰：《隐秩序——适应性造就复杂性》，周晓牧等译，上海，上海科技教育出版社，2000。

具有适应性的、主动的个体，简称主体（agent），这也是CAS理论中最基本的概念；主体具有适应能力，表现在主体能够与环境以及其他主体进行交互作用，根据行为的效果修改自身结构和行为规则，在此过程中不断“学习”或“积累经验”，从而更利于在客观环境中生存。在宏观方面，由这样的主体组成的系统，将在主体与主体以及主体与环境间的相互作用中发展，表现出宏观系统的分化、涌现等种种复杂的演化过程。该理论把系统的成员看做具有自身目的性的主体，更重要的是，认为正是主体的主动性以及它与环境的不断相互作用才是系统发展和进化的根本动因，由此将系统的宏观方面与微观方面联系贯穿起来。“适应”一词概括了主体与外界的关系，这就是CAS理论的核心思想——适应性产生复杂性。[①] 这一理论具有十分重要的认识论意义，对复杂系统研究具有很强的指导意义。虽然提出不久，它已经在生态、物理、经济、社会等许多领域得到广泛应用，推动着人们对于复杂系统认识的加深。

CAS理论具有以下特点：

第一，CAS理论认为适应性主体是主动的、活的个体。这一点是CAS和其他系统理论的关键区别。这个特点使得它能够有效地应用于经济、社会和生态等其他方法难以应用的复杂系统。

复杂性正是在主体与其他主体主动交往、相互作用的过程中形成的。在这里既没有脱离整体、脱离环境的个体，也没有抽象的、凌驾于“个体”之上的整体。主体具有主动性、适应性，在与其他主体的交互中，为了自身生存和发展需要，根据获得的信息反馈，对自身结构和行为方式进行不同的改变。

第二，CAS理论认为主体与环境（包括主体之间）的相互影响、相互作用，是系统演变和进化的根本动因。以往的建模方法往往把个体的内部属性放在主要位置，而对个体之间以及个体与环境之间的相互作用没有给予足够的重视。当我们说“整体大于它的各部分之和”的时候，指的正

---

① Holland, J. H., “Complex Adaptive Systems”, in Metropolis, N., Rota, J. C. eds., *A New Era in Computation*, 1993, 17-30。参见苗东升：《系统科学大学讲稿》，北京，中国人民大学出版社，2007。

是这种相互作用带来的“增值”，复杂系统丰富多彩的行为正是来源于这种“增值”。关注相互作用的观点使得CAS方法能够运用于个体本身属性极不相同，但是相互关系却有许多共同点的不同领域。

第三，CAS理论把宏观和微观有机地联系起来了。传统上，统计方法是贯穿宏观与微观的技术。然而，当个体是“活”的，有主动性和适应性时，以前的经历会“固化”到它的内部，系统的运动和变化不再是一般的统计方法所能描述的。需要类似的其他机制或渠道，建立起微观与宏观之间的联系。CAS理论提供了一条新的思路，把宏观和微观看做系统中存在的相对层次，并不是将两者对立起来，注重两者的联系和相互间的影响。在此观点下，系统演化的根本动力是微观主体的适应性行为，这些行为决定了系统宏观特征，而宏观特征反过来又影响到微观主体的下一步行动。系统演化过程可以通过图3—1来理解。

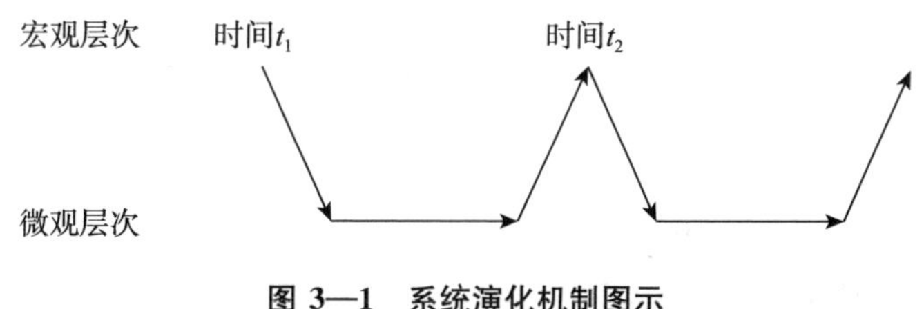


**图3—1　系统演化机制图示**

第四，CAS理论引进了随机因素的作用，具有更强的描述和表达能力。CAS理论从生物界的许多现象中吸取了有益的启示，通过遗传算法（genetic algorithm，GA）的方式处理随机因素的影响。[①] 在这种方式下，随机因素不仅影响状态，而且影响组织结构和行为方式。主体会接受教训、总结经验，并且以某种方式把“经历”记住，使之“固化”在自己以后的行为方式中。因此，CAS理论提供了模拟生物、生态、经济和社会等复杂系统的巨大潜力，明显超越了以往一般的随机方法。

① Goldberg, D. E., Holland J. H., “Genetic Algorithms and Machine Learning”, *Machine Learning* 3 (2-3), 1988, 95-99.

### 3.1.3 知识传播系统的复杂适应性特征

知识是信息的一种高级形式，是社会的产物，我们将从知识传播研究入手，通过动态过程来理解复杂知识系统。亚当·斯密曾指出在自由资本主义系统中劳动分工、传播和传输通道是经济繁荣的关键因素。[①] 如今在知识经济时代，几种生产要素在国民经济中所占的比重已经发生了重大变化：知识正在逐渐取代实物资本、货币资本，变成为组织创造价值的资产、厂商获利的基础。[②] 所以当前信息和知识的传播对于组织活力、知识能力以及整体竞争力，都具有重要的影响，知识传播的研究也成为迫切的需要。

上一章中我们运用网络分析技术研究组织知识网络，这一章将对网络概念作进一步扩展。知识传播网络不但具有特定结构特征，而且是不断动态变化的复杂系统：知识主体是构成组织的核心，并非简单同质的抽象"节点"，他们具有适应学习能力，能够不断地改进自己的知识连接、行为规则，从而使得整个组织结构不断发生演化。在知识网络中，进行着非常重要的知识流转过程，即我们关注的"知识传播"过程，通过网络连接，知识资源、知识专家得以发现，知识概念得以传播转移，促进组织知识共享和知识创新，最终提升组织知识能力。

组织的知识传播系统具有复杂适应系统的基本特征，适于应用 CAS 理论进行分析研究。知识传播系统中既包含人类主体，还包括非人类的个体，比如计算机软件、硬件或移动传播设备等。主体都是独特而且不可替代的，可以通过设定标识加以辨别。主体的相互联系构成了多维度、多层次具有复杂结构的网络，为主体活动提供了情境，人类的知识传播活动无不是在这个网络中进行。主体在这个网络中，具有自己的知识目标和行为规则。主体的行为基于其内部模型，根据预期目标，采取行动改善自己的知识能力和地位。主体通过搜寻特定的知识内容存储，或者从其他主体那里学习，获得所需的知识，网络中进行的知识交流和传递形成知识流。无论是组织还是个人层面的知识活动都是具有层次的，高层次的活动是基于

---

① 参见亚当·斯密：《国富论》，唐日松译，北京，华夏出版社，2005。

② Manuel, C., *The Rise of the Network Society*, Oxford, Blackwell, 1996.

对低层次基本模块的组合。主体之间这种知识的相互作用具有非线性特征，组织的知识能力无法通过对个体能力还原累加获得，组织表现出知识创新能力、知识聚集能力等个体不具备的涌现特征。

总结对照约翰·霍兰教授提出的理解和辨识复杂适应系统最基本的七个概念：聚集（aggregation），非线性（non-linearity），流（flows），多样性（diversity），标识（tag），内部模型（internal models），积木块（building blocks）。[①] 组织知识系统具备这些特征，所以复杂适应系统理论适宜用来分析知识系统。

总之，复杂适应系统理论的思想更加强调微观主体，注重相互作用，而且强调通过对过程的研究来理解系统。不但从思维观念上提出了新的分析角度，而且对我们研究方法的选择也将产生影响。下面我们将看到计算机模拟是复杂系统研究的有力工具，通过算机仿真可以探索“局部交互主体在整体层次产生的影响”。[②]

## 3.2 基于主体的计算机建模方法

模型方法是人类认识世界的基本方法之一，计算机的出现为模型方法提供了新的重要工具，计算机模型的特性使其在复杂系统研究中发挥了特别重要的作用。复杂适应系统理论中的关键概念，可由通过适当设计的基于主体的计算机模型实现，从而在虚拟空间中形成对现实系统的映射。

通过建模方法辅助对世界的认识由来已久，那么为什么复杂系统特别适于用计算机模拟来研究？基于主体的计算机建模又与复杂适应系统理论有怎样的关系？为了回答这些问题，需要从计算机建模的特征出发。

### 3.2.1 计算机建模的作用与特征

建模研究的前提是存在一些“真实世界”的现象令研究者感兴趣，这

---

① 参见约翰·霍兰：《隐秩序——适应性造就复杂性》，周晓牧等译，上海，上海科技教育出版社，2000。

② Axelrod，R.，“Advancing the Art of Simulation in the Social Sciences”，in Rosario Conte，R.，Hegselmann，R.，Terna P. eds.，*Simulating Social Phenomena*，Berlin：Springer，1997，21－40.

些现象称为实相，也就是所仿真的目标。通过创建一个模型进行实验研究，由于实相与模型之间存在可能的同构关系并有充分的相似之处，因此对模型的实验研究得出的结果，能应用到实相中去指导社会实践。以模型方法了解世界，使我们不必通过费时费力、可能有危险的实践，就预测到结果。

几乎所有的社会科学研究都是对复杂的社会现象进行抽象，建立简单表征的过程。通常这些表征是纯粹语言上的，这种表达方式存在的不精确性，可能造成理解偏差，使其他研究者难以把握理念的线索。在另外一些领域，例如经济学中，抽象的表征更为形式化，常常用数理统计或一些方程式来表示。量化的模型标准化程度增加，为形成一致和通用的客观评价带来了方便。然而由于统计和数学模型存在局限性，尤其涉及非线形关系时——这种关系在复杂的社会系统中是普遍存在的——许多用来表征社会现象的方程太复杂，很难进行有效的分析。解决这个问题常用的方法是对方程进行简化，直到这个方程可解。而过度的简化通常是难以置信的，这样得出的结论也可能带来严重的误导。

计算机程序语言是除语义符号和数学符号之外的第三种符号系统。[①] 计算机建模，也被称为计算机仿真，本书中指对一个系统演化过程进行动态仿真的可运算的计算机程序，计算机模型就是原型系统的一个同态像。计算机建模方法是一门与数学、系统科学、人工智能等学科密切相关的综合性、实用性的技术学科，它不仅需要一般的计算机程序设计知识，而且需要研究系统相关的领域知识。在计算机建模研究中，研究者基于假定的社会过程建立一个动态模型，运行仿真模型，收集和测量产生的输出数据，并与其所表征的真实社会现象中观测到的数据进行比照，对模型的有效性进行评价。使用不同的初始设置，多次运行计算机模型，识别重复出现的一般模式和规律，这些规律性为构造进一步的数学模型提供线索。计算机模型世界成为处于具体现实世界和抽象数学世界之间的桥梁，参见图3—2。

① 社会学家奥斯特罗姆（Ostrom）在总结社会学家们可用的符号系统时指出，除了普遍为人所熟悉的语义符号和数学符号外，还有第三种符号——计算机模型，即计算机程序。

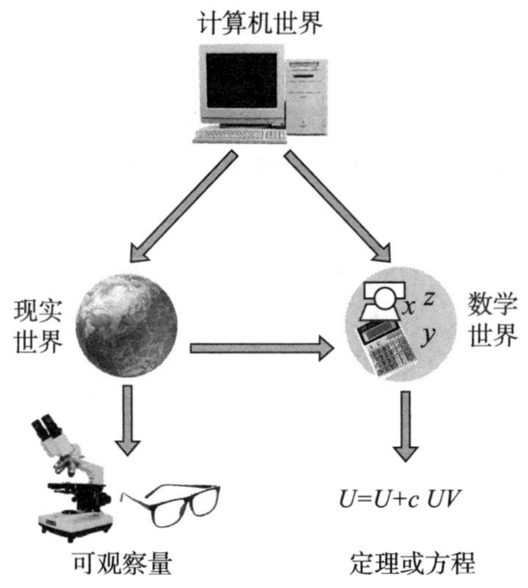


**图 3—2　计算机模型方法的桥梁作用**

总之，计算机建模在社会科学研究中的作用可概括为以下几点：

（1）更好地理解现象，发现现象背后的机制；

（2）预测和辅助决策；

（3）发展新的工具，扩展人的能力；

（4）统合社会科学理论，为社会科学提供一个可验证的范式和跨学科交流的平台。

计算机建模的能力和作用与它的特性是分不开的，计算机建模的特殊性首先在于计算机本身就是对人类思维和创造过程模仿的产物。计算机可以表征人的思维过程，计算机建模可以看做把人类的知识转化为计算机程序的过程。与传统模型比较，计算机模型更加容易理解，便于操作。计算机模型同时具有抽象性和具体性：其定义是抽象的，却又植根于具体对象和过程。计算机建模为理论和实验提供了一种有益的中间过渡形式，提供了理论检验的实验平台。计算机模型综合了语义符号的丰富性和数学符号的精确性，还具备自主演绎的动态特性。时序性模型可以方便描述系统各部分间的关系变化，追踪系统动态过程，对复杂系统来说，理解其运行过程是了解、控制系统的关键，因此计算机模型是复杂系统研究中必不可少的工具。

用计算机实现的模型，可以提供许多涌现方面的例子，这大大加深了我们对涌现现象的理解。我们建立计算机模型时，从已有的知识出发，可以将描述模型的程序装入计算机，通过运行过程，系统可能演化而涌现出新的知识。[①] 而且，计算机模型可以随时运行、停止、接受检查，并可以在新的条件下重新开始运行。这些都是在大多数现实的动态系统中，比如生态系统或经济系统中，无法实现的。

正是因为计算机模型体现出的这些优势，使得这种方法在对复杂的社会系统的研究中具有特别重要的意义，这种重要性不仅引起了社会科学、系统科学领域的重视，实际也已经引起了计算机领域的重视。中国计算机学会组织了主题为“促进信息科学和社会科学的交叉研究”的专刊。[②] 从一系列相关文章中，可以看出将计算机科学技术应用于社会领域问题研究的交叉学科是当前的一个趋势和热点，为计算机领域的学者提出了新的机遇与挑战。

知识传播过程是我们认识知识系统的重要角度，是本书研究的中心内容，本章的目标就是通过计算机建模的方法来增进对这一复杂过程的认识，从而找到更有效的支持策略。在介绍具体的模型实验之前，下一小节我们先介绍模型实现中涉及的一些技术工具。

### 3.2.2 技术准备

面向对象编程（object-oriented programming）可以方便地实现基于主体的计算机建模。我们通过设计一个主体类，将主体所具有的属性和行为规则封装在一个子程序中；然后，用一些指令提供相互联系的机制，实现子程序之间的消息传递，将不同的子程序连接起来。子程序可以方便地继承，或扩展成不同形态的子类，由此可高效创建一些复杂的模型，通过改变其中某些子程序的结构和参数，来证实我们对于因果关系的一些猜测。

现在许多基于 Java 语言的类库包，专门支持了基于主体的计算机模

---

① 参见约翰·霍兰：《涌现——从混沌到有序》，陈禹等译，上海，上海科学技术出版社，2001。

② 由中国计算机学会主办，高等教育出版社出版，此处所指专刊为 2006 年第 2 期，参见 http：//www. ccf. org. cn。

拟的实现和网络模型的设计。借助这些资源，通过继承扩展已存在的类，可以方便快捷地搭建起符合自己需要的、面向不同领域的模型。通过这种方式建立模型，不但使建模工作更专注于对系统的分析，还增强了建模的标准化和模型可读性。因此现在很多模型开发是在特定的平台上实现的，有些支持平台成为通用性建模工具。当然，脱离已存在的平台，从零开始构建模型，也是完全可行的，具有最大的自由度。建模工具的选择，是在自由度与方便性、灵活与标准化之间的一种权衡。本书的建模研究，主要基于两个通用的支持平台 Swarm 和 Repast，下面简要介绍这两种支持平台，这将有助于理解基于主体的模型，也更方便在下一节对模型设计的介绍。

Swarm 是该类平台中出现最早的，由圣塔菲研究所开发，最早基于 Objective C 语言实现，现在已经迁为以 Java 语言为主了。可以说 Swarm 开创了这种建模平台的工具形式，此后产生了许多侧重点不同的建模工具，比如我们下面介绍的 Repast，均被称为类 Swarm 工具。Swarm 主要是通过提供类库包，把那些适合于所有多主体模型的共同的底层机制和功能封装起来，公布开放的 API 来实现对建模的支持，这样建模工作相当于在固定框架基础上的二次开发。通用程度很高的部分，如输出结果显示机制、时序控制机制等，可以继承相应的类库，但具体细节可通过客户化的定制实现。在此基础上开发模型虽然需遵循特定的结构框架，但依然保持了模型的灵活性和个性化，实际上这类标准化建模工具广泛应用于不同领域不同系统的研究中。Swarm 在其开创性上具有重要意义，但遗憾的是，其 2.1.1 版本开发年代比较早，与现在的 Java 编辑器和操作系统在兼容性上都存在一些问题，而最新的 2.2 版本，因为开发时面向 Linux 平台，尽管可以在 cygwin 等工具的支持下应用于 Windows 系统，但在安装运行过程中常常出现不便之处，限制了它的应用范围。同时，作为非商业性软件，其辅导帮助材料比较有限，特别是近年来后继的开发也不尽如人意。国际上主要通过其官方网站公布相关的最新信息，在国内，中国人民大学经济科学实验室做了大量实践和推广普及工作。①

---

① Swarm 官方网站为 www.swarm.org，由圣塔菲研究所中的一个专门研究小组负责。中国人民大学信息学院经济科学实验室网址 http://ecolab.ruc.edu.cn 上有相关主题的论坛。

Repast（recursive porous agent simulation toolkit）是芝加哥大学社会科学计算研究中心研制的多主体建模工具，它提供了一系列用以生成、运行、显示和收集数据的类库。Repast 从 Swarm 中借鉴了不少的设计结构和方法，近年来还特别提供了支持网络模拟及统计分析的类库工具。它具有使用方便、容易学习和容易扩展的特点，是该领域应用最广泛的工具之一。

Repast 建模相当于设计一个状态机，其核心状态是模型中所有成员的集体状态属性集合。成员具有底层结构和表层结构，底层结构是各种各样用于运行模型、显示和收集数据等活动的机制；表层结构是设计者创立的模型。底层结构的状态就是模型的种种显示状态、数据收集对象的状态等；表层结构的状态指模型的描述状态，比如所有主体变量的当前值、模拟环境空间的当前状态值等。在这种状态机模式下，所有对状态机的改变都通过同一对象界面接口来实现，这个对象界面接口是 SimModelImpl 类。这种设计为建模者减轻了学习负担，也简化了补充工具包功能时的扩展编程。

Repast 模型都是时序的，即模拟的运转是按照时间步实现的，每个时间点上模型的状态是此前运行过程的结果，主体根据自身和环境中其他主体的状态做出下一步行动反应。根据 repast 模型的标准架构，一般模型具备三个基本部分：model（模型）、agent（主体）、space（空间）。其中 model 类是很重要的部分，负责协调模型的建立和运行，一般是模拟运行的起点；agent 类中负责描述主体的行为和属性；space 类中实现行动发生的环境。①

利用 Repast 工具构建模型具有层次性，可以借助下面的图 3—3 来理解。最底层为 Repast 的建模支持类库，包含了对标准模型功能（比如显示输出、时间序列控制等）的通用实现。中间层为标准的程序架构（template），即应用 Repast 类库开发程序时应遵循的程序结构框架。最上层为用户的模拟程序，它是基于上述两者的支持，实现当前模型具体目标的程序。

① 关于 Repast 的上述内容，参考、摘译自 Repast 官方网站：http：//repast.sourceforge.net。

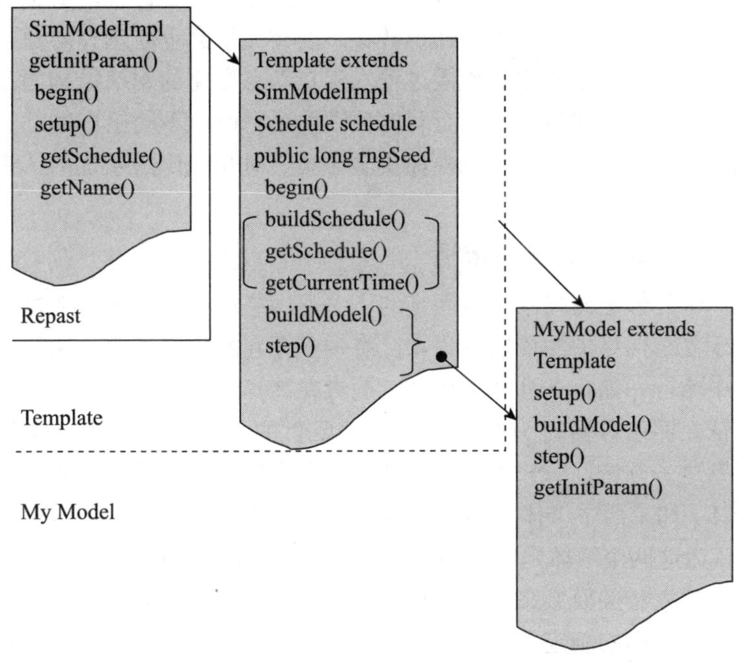


**图 3—3 Repast 层次关系图**

资料来源：http：//repast. sourceforge. net。

通用建模工具，提高了模型的标准化和可读性，促进了建模效率，所以我们选择 Swarm 和 Repast 平台支持知识传播模型的实现，下面介绍具体模型设计和实现。

## 3.3 知识传播模型构建

人际传播是知识传播的一种重要形式，大众传播通常只能解决信息公告，对于具有嵌入型特征的知识来说，更依赖于进一步的人际交流。人际传播过程的动态性和复杂性研究，发挥了计算机建模的优势。知识传播构成了复杂的动态网络，我们通过两个层面的动态模型来展开研究：一方面，假设网络结构不变，传播意味着信息和知识在网络上的流转、扩散，即传播本身是基于复杂网络的动态过程；另一方面，更符合现实也更为复杂的过程是，随着信息传播和知识转移，连接关系会重新选择对象，网络结构发生相应的动态变化，传播过程发生在动态变化的网络结构之上，网络结构与传播过程两者之间具有双向反馈关系。两个不同层次的动态模型各有侧重，借助相应的计算机模拟实验，我们对知识传播系统的认识得以不断深化。

### 3.3.1 基于网络的传播

我们首先假定网络结构是固定的，考察网络结构对知识传播过程的影响。关于复杂网络中的传播过程，已有一些存在的研究经验，比如传染病在人群中流行，谣言在社会中扩散，病毒在计算机网络上蔓延，都具有相似的特征。网络传播行为的研究最初主要目的是为了了解疾病的传播机制，回顾这一领域，对知识传播的建模具有启发意义。用节点表示疾病感染的个体，如果两个个体之间可以通过某种方式直接发生传染与被传染关系，就认为这两个个体之间存在连接，这样就得到了传播网络的拓扑结构，进而可以建立相关模型来研究这种传播行为。显然，网络传播模型研究的关键是传播规则的制定和网络拓扑结构的选择。广泛应用的传染病模型为SIR模型和SIS模型。①

使用基于主体的计算机建模方法，可以有效地模拟网络中的传播过程。在SARS传染病时期，我们曾对上述模型进行改进，从个体接触、传染以及患病状态的转换出发，构建了传染病扩散模型，将结果与北京实际病情发展数据进行了对照，比较成功地拟合了患病人数增长趋势。通过改变模型运行初始参数和运行机制，对比了不同控制措施比如隔离、控制人口流动、增加信息公开等手段的效果，为传染病控制手段选择提供了决策支持，加深了对网络传播微观机制与宏观效果间联系的理解。②

网络传播行为研究的意义不仅在于分析疾病传播现象，这种思路同样

---

① Anderson, R. M., May, R. M., *Infectious Diseases of Humans*, Oxford: Oxford University Press, 1992.

② 参见刘颖、陈禹：《复杂适应系统理论对控制SARS疫情的模拟分析》，载《复杂系统与复杂性科学》1 (2)，2004，74-79。

可以用来分析其他类似的传播行为。例如，可用于对社会网络上信息传播行为的研究，比如：知识或技术的扩散、观念扩散和流行等。疾病传播的研究是为了能有效地控制、限制传播范围，而知识传播过程的研究是希望通过掌握其中的规律，进一步促进传播。这些传播发生的基础社会网络是一致的，传播过程也具有相似性。

知识传播的最终结果表现为一定范围内形成共同观念或共享的技能，为了综合不同的情况，模型中把传播目标概括为"观念形成"。下面介绍的计算机模型主要考察两个方面：不同的网络构形对系统中观念存在及分布的影响；不同网络条件下，意见领袖的作用。①

影响公众观念形成的因素可分为三类：个体属性、环境约束与信息流。个体属性包含个体的目标、需求、情感、个性和能力等。环境约束体现为宏观环境影响和微观环境影响，宏观环境指自顶向下的约束因素，比如舆论压力、传媒、意见领袖等因素。宏观约束不直接作用于主体规则，但在一定程度上控制全局信息，由此改变系统的动态表现。微观环境约束指局部范围内邻居的影响，模型中主体的行为规则主要是由局部范围内的约束条件决定的。流是复杂适应系统中的重要因素，特别是我们通过网络来观察系统时，不同的网络构型代表不同的传播条件，此基础上的信息流决定了主体之间的交互，对主体的下一步行为具有重要影响。

考虑网络中存在三种不同观念的情形，这是使模型有意义最简单的一种假设。每个主体个性化的意见偏好，由一个随机向量 $T=(t_1, t_2, t_3)$ 表示。初始状态，主体选择该向量中取值最大的观点作为自身观点。主体对其他联系主体的影响以一个连续变量 $v$ 表示。模型运行的每个时间步，主体同其他主体进行交互，得到其邻居的决策信号，然后计算加权平均值。这个过程使主体在意见决策中，除个人偏好的影响，还受到联系主体意见的影响，后者构成了局部环境约束。局部约束通过向量 $H=(h_1, h_2, h_3)$ 表示，向量中每个元素通过下式计算：

---

① Suo Shuguang and Chen Yu, "The Dynamics of Public Opinion in Complex Networks", *Journal of Artificial Societies and Social Simulation* 11 (4), 2008.

$$h_i = (\sum_j \delta_i v_j) / \sum_j v_j \tag{3.1}$$

式中，$v_j$ 为与当前主体有联系的其他主体对其的影响力，$\delta_i$ 在该主体观点为 $i$ 时取值为 1，否则取值为 0。

主体最终意见选择的决策，是根据其效用值来判断，效用函数是在主体内在偏好与外在环境压力之间权衡的结果，通过柯布—道格拉斯函数计算此效用函数具体值：

$$U = H^{\beta} T^{1-\beta} \tag{3.2}$$

参数 $\beta$ 的取值，代表了主体在意见选择决策时，环境约束因素和个体偏好因素的相对比重。

主体类中的主要数据结构包括：

· 存储结构 utility [] ——记录主体对不同意见选择的效用；

· 存储结构 propensity [] ——记录主体对不同意见的内在评价；

· 存储结构 influence [] ——记录与当前主体有连接的其他主体的影响；

· 参数 $\beta$ 表示局部约束对主体意见选择的影响力度，作用如公式（3.2）所示。

模型重点考察了四种典型网络环境条件下——规则网络、随机网络、小世界网络和无标度网络——系统最终观念的分布特征。

### 3.3.2 动态传播网络

这一部分将传播和网络同时作为模型考察的核心概念，网络结构既是传播条件，也反映了传播的效果。网络结构和信息传播之间的相互作用将通过下面的多主体模型来研究。

传播网络中每个主体通过传播过程获知其他主体在网络中的位置、重要性，在此认知的基础上作出决策，选择下一步传播对象，建立新的连接以改善自己在网络中的位置。社会网络在人际交往的博弈中涌现，网络结构一定程度上体现了历史信息。主体利用获得的认知信息决定自己的行动，进而影响到自己在社会网络中的位置和进一步获得信息的能力。在动态传播社会网络中，上述演化过程发展为一个循环，其中存在两个关键的网络结构：社会网络和认知社会网络。主体与其他主体间的连接关系构成其社会网络，这种连接关系限制了传播发生的渠道。主体记忆中关于其他主体的信息，包括信息可靠性和获得路径，构成了主体的认知社会网络。通过认知社会网络中记录的信息，主体对网络中所有存在的其他主体，包括与自己没有直接联系的主体，都具有一定的认识。

具体的模型实现中，每个主体拥有一个列表，列表中包含三个向量：第一个向量记录了系统中所有主体的标识，第二个向量记录了对应主体的信息年龄（information age），第三个向量反映了信息来源。主体关于自己的信息年龄为0。关于其他主体的信息年龄，在系统运行时，在每个时间步递增。通过信息年龄反映信息的时效性，因为时效性是信息的重要特征，所以模型中利用这一特征和这个“时间戳”的机制衡量比较信息的效用。主体在选择新建连接关系的对象时，选择效用高的信息来源。通过这样的存储结构设计，刻画主体对整个网络结构的感知，我们称之为主体的记忆存储（memory slot）。主体的记忆存储涵盖了系统中所有主体，但初始时，主体所拥有的有效信息仅限于与自己有直接连接的主体。对于其他主体，主体记录中保存相应间接联系的通路，以及这条通路中经过的中转数，即两者之间的距离，这是通过传播维护的认知社会网络中的距离。通过网络中的传播行为，主体会更新自己的记忆存储，修正认知社会网络。

上面介绍了主体实现中的标准存储结构，而根据传播理论，人们更倾向于在传播中谈论他们最近听说过的其他个体。[①] 我们在主体的记忆存储中还设计了一个可调的区域，该区域被其他主体的标识占据，主体标识在该区域中出现的比例反映了当前主体对其感兴趣的程度，即被选为谈论对象的可能性。

主体可以进行两类基本活动：传播（communication）和重连（rewiring）。

传播：网络中存在连接关系（即传播通道）的两个主体选择以第三个主体为对象交流信息，同时这两个主体也在记忆中更新彼此的信息。

---

① Spencer，H.，*The Principles of Psychology*，London：Longmans，1855. Donangelo，R.，Sneppen，K.，“Cooperativity in A Trading Model with Memory and Production”，*Physica A* 316，2002，581－591.

参与传播的两个主体，随机选择的第三个主体成为其话题主体，他们首先判断谁具有关于这个话题主体的最新信息，拥有较老信息的那个主体会更新自己的信息，包括复制对方的信息年龄，使对方（现在的传播对象）成为相应的信息源。主体对其他主体的感知通过传播过程获得，认知社会网络的形成和更新通过传播中的信息交换实现。

重连：随机选择一个主体，通过为其新建一条连接，使之更接近有效的信息源。为了保持网络规模，再随机删除网络中的一条连接边。

主体不断确定自己在社会网络中的位置，希望建立能获得更多有效信息的连接，通过这一过程实现社会地位攀升（social climbing），正是这一机制引入了社会网络的动态性。在连接对象的选择上，主体只能基于认知网络，这样就在认知社会网络和实际社会网络之间建立了联系。

结合下面的图 3—4，以一个简单的例子来说明主体传播和重连的动态过程。假设传播阶段，随机选中主体 A 和 B 之间发生传播，再根据两者的记忆存储随机选择第三个主体作为此次传播中的话题。选择话题主体的过程，可能是全局范围的随机选择或是根据印象深刻者选中概率大的原则，具体策略与后面介绍的一个系统参数有关。现在，假定被选中的主体为 C。如果模型中这一选择不是全局随机的，要对 A、B 的记忆存储进行处理，使当前的传播过程形成印象。然后，A 与 B 比较各自记忆中关于 C 信息的时效性，发现 A 的信息更新，这时将 B 对于 C 的信息记录进行更新，将信息年龄替换为 A 对 C 的年龄，将信息来源更新为 A，同时也用 A 的记录更新到达 C 的通路。这个变化在图中通过实线圈中的项目以及下面的转换箭头显示。同时，参与传播的两个主体将对彼此的信息进行更新，信息年龄设定为 0，来源设定为对方。这个变化发生后的信息记录在示例图中通过虚线圈显示。

在新建连接边的阶段，随机选中的主体，在自己的记忆存储中搜索，随机选择一条记录。比如选中的主体为 B，选中记录为他对于 F 的信息，这条信息来源为 D，而 B 与 D 没有连接边，这时建立 B 与 D 之间的连接，即为图 3—4 中 B 与 D 之间的虚线连接，并在网络中随机删除一条连接，假设为 E 和 F 之间的连接，图中以虚线表示。这只是一个步骤的简单举例，模型中上述过程不断重复运行。

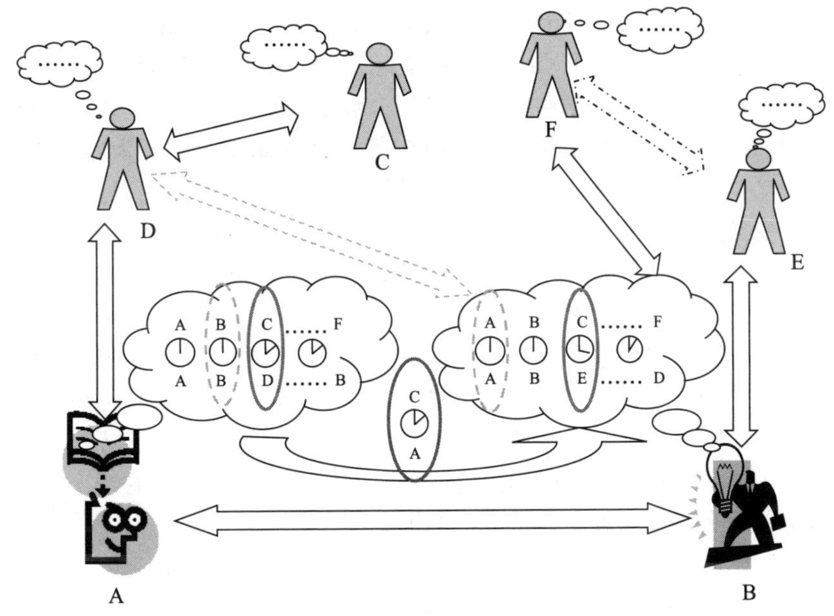


**图 3—4 动态传播网络模型中主体行为规则示意**

模型参数是处于当前模型考虑边界之外的变量，参数状态改变不受模型内部机制控制，却会对模型运行产生影响。通过改变参数条件，观察不同假设下模型运行结果的差异，推断影响因素的作用方向和效果，可为决策支持提供依据。当前模型中考虑的参数主要包括下述四方面：

（1）网络规模。系统中主体个数 $N$，连接边数 $L$。还可以对网络初始结构特征进行规定，但因为此动态模型中网络结构随着传播过程而改变，实验发现运行足够长的时间后，初始结构特征的影响基本不存在。

（2）传播发生的限制条件。若每条连接边发生传播的概率相等，我们称为连接边限制（link limited），若每个节点机会相等，称为节点限制（node limited）。下一节在模型实验中对比了这两种限制条件下系统结构的差异。这两种限制条件对应现实中传播发生的两种假设，第一种假设为：传播发生于网络中随机选择的一条连接边上，对节点来说，拥有连接边越多的节点发生传播的概率成比例增加。第二种假设是：虽然节点可能参与传播的机会随着其拥有的连接数量增加而增大，但是由于精力、能力和时间等方面的限制，所有节点传播实际发生的概率相等。

（3）传播中谈论话题主体选择机制。设定参数 $\eta$，决定主体记忆存储结构中的记忆容量。传播历史通过改变其记忆存储对主体行为施加影响，因此记忆容量体现了主体在选择传播对象或者新建连接边的目标时，多大程度上受到其传播历史的影响。对每个主体 $j$，其模拟记忆存储结构中，包括 $N\times\eta$ 个元素，最初的 $N$ 个连续位置上固定地记录了关于网络中每个主体的标识，对应着相关其他信息指针。剩余的记忆空间随传播而改变：当 $j$ 与另一个主体传播，或者传播中谈论过另一主体 $i$，则 $i$ 的标识会随机（或服从一定规则地）替换掉 $j$ 记忆空间中一定比例的原有标识。这个参数决定了传播选择的全局性，$\eta=1$ 表示对象选择时，在全局所有主体当中随机选择。$\eta=100$ 表示选择将更倾向于最近谈论过的主体，即过去传播中曾经有过联系的主体被选中的机会更大。

（4）传播水平。通过传播与新建连接发生的比例系数 $C$ 控制，$C$ 代表每次系统中新建连接之前传播活动的频数。这个参数的假设是：主体通过传播交换信息，更新记忆存储，即高比例的传播有助于获得更加完备可靠的信息；传播比例过低，主体拥有的信息可靠性不高，从而在选择连接对象时不具备必要的信息，决策更加随机，形成的最终网络结构中包含大量噪音。

主体的行为规则可以通过下面的图 3—5 显示。

模型初始状态，主体记忆存储中仅具有自己的信息，对于其他节点的信息年龄均为无限大，信息来源为空。同时连接关系以及对其他主体的记忆均是随机的。

主体运行流程中，传播分支的具体实现细节根据“相关主体策略判断”，因主体策略而不同。其中第 4 步（括号中 Step 4 标示）在参数 $\eta$ 取值为 1 时省略。

算法程序实现涉及的主要类及其继承结构如图 3—6 所示。根据 Repast 平台的框架，模型中包含三个主要的类，实现中继承了 Repast 类库中相应的类。

模型输出的观测变量主要包括以下几方面：

（1）网络结构指标。首先通过观察网络拓扑图，结合具体结构特征指

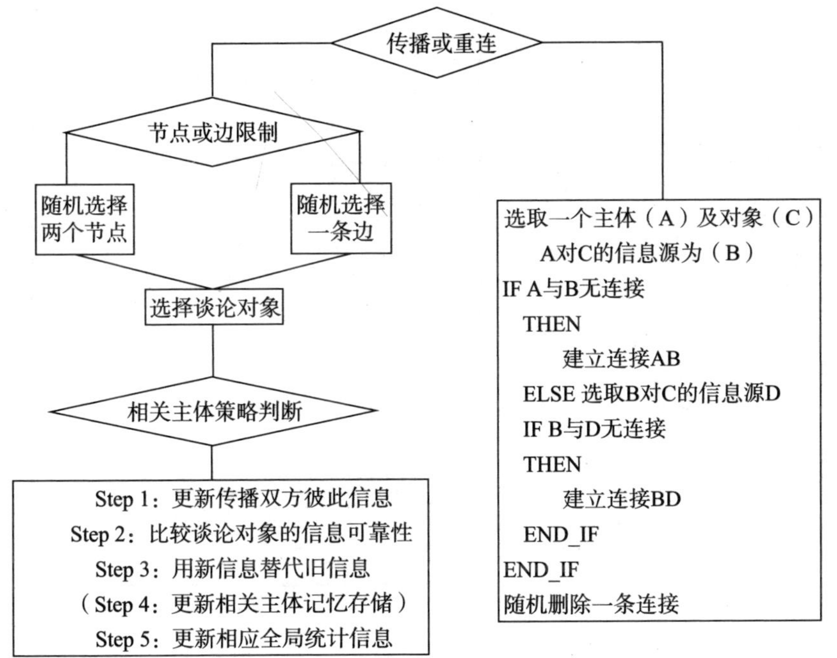


**图 3—5　模型主体行为流程**

标，分析不同参数条件、规则设定对网络结构的影响。结构指标主要考虑：三角形结构、直径、度分布、节点的中介中心性。这些指标在上一章中有具体介绍，根据实际传播网络图可以直接计算得到。三角形结构是社会网络结构性的一种体现，在三角形结构的评判上，我们通过模拟网络图中三角形结构与对应随机网络（randomized counterpart）中三角形结构出现比例的对比来衡量。本模型中采用文献①提议的方法生成对应随机网络，该指标反映了去除随机影响后这种结构发生的概率。

（2）主体属性指标。即对象选择决策范围、记忆中其他各主体所占比例，以及自己在他人记忆中所占比例。量化记忆存储中对主体传播对象选

① Maslov，S. and Sneppen，K.，"Specificity and Stability in Topology of Protein Networks"，*Science* 296（5569），2002，910－913.

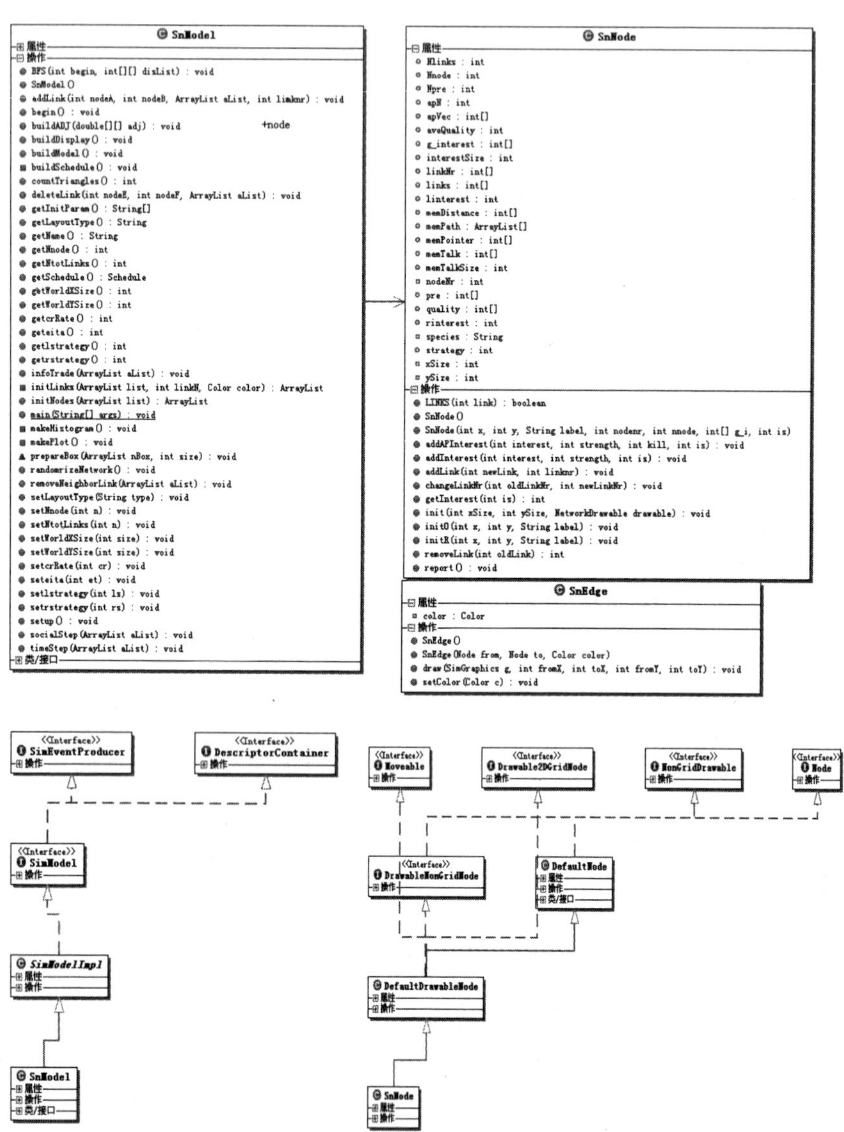


图 3—6 模型程序实现类结构图

择有直接影响的主体数量，可通过下面的公式（3.3）：

$$n_{\mathrm{local}}=<\frac{1}{N<w_j^2(i)>_i}>_j \tag{3.3}$$

式中，$w_j(i)$ 为主体 $i$ 被选中的可能性与他在主体 $j$ 的记忆存储中出现次数成比例，$w_j(i)=n_j(i)/N\eta$；而$<w_j^2(i)>_i$ 反映了主体 $j$ 记忆存储中分配给不同对象 $i$ 比重的平均值。相应反映全局信息局限的变量 $n_{\mathrm{global}}$，度量了全局范围内对主体决策有影响的主体数量，根据公式（3.4）计算：

$$n_{\mathrm{global}}=\frac{N}{<W^2(i)>_i} \tag{3.4}$$

式中，$W(i)=\sum_j w_j(i)\in[0,N]$。

## 3.4 传播模拟结果分析

### 3.4.1 网络中的观念形成

信息传播受到结构的影响，模型考虑了四种不同的网络构型：规则网络、小世界网络、随机网络和无标度网络。模型中实现的网络包含节点数量 $N=900$；小世界构造算法选择重连率 $p=0.3$；无标度网络初始状态下，由 30 个节点构成完全连通图，然后向系统中动态添加节点，在选择连接对象时，与对方的连接度成正比。①

模型运行结果显示，规则网络一般形成局部一致，但是全局具有差异性的观念分布。即使我们将 $\beta$ 增大至 1，系统中依然无法形成统一观念。下面的图 3—7 是平均连通度为 30，$\beta$ 为 0.5 的规则网络上的模拟结果，左边光栅图中每个点代表一个主体，各点深浅的不同代表不同的观念选择，右边的曲线图展示了系统中不同观念主体数量随时间变化的趋势。规则网络高度结构化，较长的特征路径长度使得信息扩散的范围受到限制，形成这种局部统一而全局不同的观念分布。

① 本小节模拟实验结果参见 Suo Shuguang and Chen Yu，“The Dynamics of Public Opinion in Complex Networks”，*Journal of Artificial Societies and Social Simulation*，2008（11）。

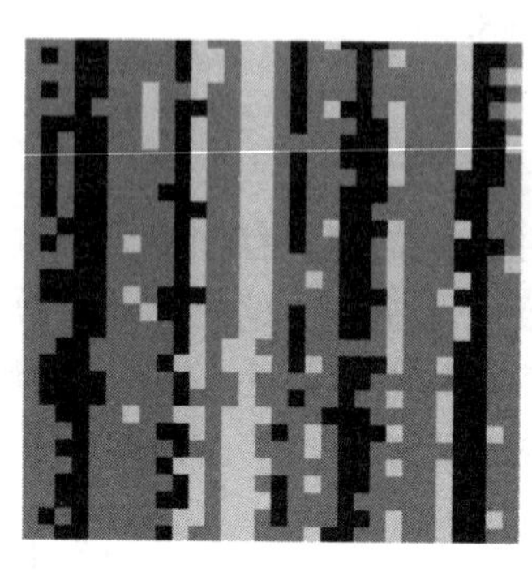

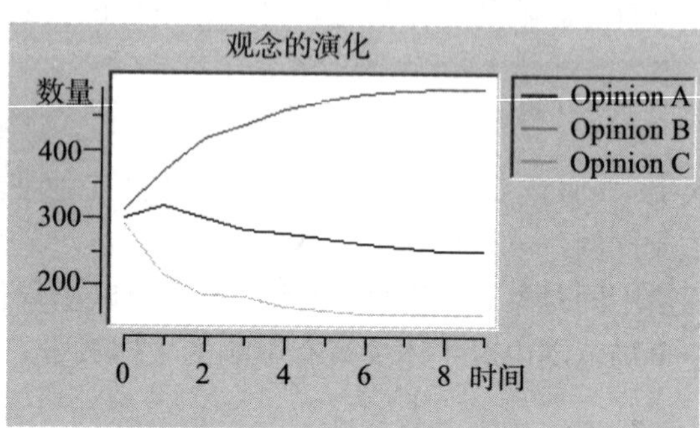


**图 3—7 规则网络条件下模型运行结果**

其他三种网络构型中，调整平均连通度与参数 $\beta$，考察特征路径长度以及系统稳定观念数的相应变化。为了排除随机因素的影响，在统一的初始条件下，对每种不同的参数组合重复进行 30 次实验，结果取平均值，见表 3—1 至表 3—3。括号中给出了相应变量的标准差，未列出的表示标准差取值为 0。从中可以看到，平均连通度越高意味着关键路径长度越小，这种结构的网络中信息传播效率最高。

特别值得注意的是平均观念数为小数的情况。这种情况意味着在多次运行中，系统演化基本稳定时，可能仅存在一种观念或几种不同观念。系统的初始运行条件和运行规则均相同，结果的多种形态印证了传播系统的内在复杂性。因为观念选择决策中的非线性因素，使得结果对运行过程中可能存在的随机因素非常敏感，我们把这些情况称为模型的敏感区域。

**表 3—1　　小世界网络中的意见数量**

| 小世界图（$p$=0.3） | | $\beta$ | | | | |
|---|---|---|---|---|---|---|
| 平均连通度 | 关键路径长度 | 0.1 | 0.3 | 0.5 | 0.7 | 0.9 |
| 6 | 7.46（1.30） | 3 | 3 | 3 | 3 | 3 |
| 10 | 4.27（0.22） | 3 | 3 | 3 | 3 | 3 |
| 30 | 2.60（0.04） | 3 | 3 | 2.96（0.20） | 2.04（0.81） | 1.71（0.62） |
| 50 | 2.20（0.05） | 3 | 3 | 2.23（0.43） | 1.46（0.51） | 1 |

表 3—2　　随机网络中的意见数量

| 随机图 | | β | | | | |
|---|---|---|---|---|---|---|
| 平均连通度 | 关键路径长度 | 0.1 | 0.3 | 0.5 | 0.7 | 0.9 |
| 6 | 6.7（1.32） | 3 | 3 | 3 | 3 | 3 |
| 10 | 4.12（0.52） | 3 | 3 | 3 | 2.37（0.74） | 1.33（0.55） |
| 30 | 2.32（0.37） | 3 | 3 | 2.39（0.50） | 1 | 1 |
| 50 | 2.0（0.14） | 3 | 3 | 2.13（0.34） | 1 | 1 |

表 3—3　　无标度网络中的意见数量

| 无标度图 | | β | | | | |
|---|---|---|---|---|---|---|
| 平均连通度 | 关键路径长度 | 0.1 | 0.3 | 0.5 | 0.7 | 0.9 |
| 5.99 | 3.85（0.28） | 3 | 3 | 3 | 2.02（0.72） | 1 |
| 9.99 | 3.11（0.17） | 3 | 3 | 3 | 1.38（0.59） | 1 |
| 29.97 | 2.30（0. 02） | 3 | 3 | 2.05（0.24） | 1 | 1 |
| 49.94 | 2.04（0.01） | 3 | 3 | 1.94（0.24） | 1 | 1 |

通过上述结果列表，可以得出以下结论：

（1）随着平均连通度和局部环境约束强度的增加，系统更有可能形成全局的一致意见，规则网络以外的几种网络构型在特定条件下均可能实现统一观念。

（2）规则网络之外的其他三种网络中均存在敏感区域。相似的连通度产生相似的特征路径长度，单纯较小的路径长度并不能保证统一观念的形成。

下面进一步考察意见领袖在统一观念形成过程中的影响。意见领袖这里指传播中具有权威性的主体，这类主体虽然仍通过局部交互发挥作用，但对其他主体影响力比较大，对全局信息组织也会产生影响。意见领袖对全局观念的影响能力与网络结构关系密切，下面在上述意见传播模型中引入这类权威主体，考察两者之间的关系。

将权威主体设置为对其他主体的观念选择具有很大的影响权重，考察在不同的网络条件下，至少需要多大比例的权威主体，才能够保证整个系统形成统一观念。结果通过表 3—4 和图 3—8 显示。小世界构型的网络比随机网络需要更高比例的权威主体才能形成统一观念。在小世界构型中，随着网络连通度的增加，所需权威主体比例先是有比较大幅度的下降，然后略有提升。小世界网络生成模型是通过在规则网络的基础上加入长程连接，所以从整体结构来看，小世界网络局部结构化程度比随机图更高。由此，结构化程度越高，形成全局统一观念越不容易。而平均连通度增加，意味着主体会受到更多邻居意见的影响，权威主体意见的影响权重比较大，随着连通度增加，相应观念更容易得到传播，这也是最初所需权威主体比例大幅度下降的原因。但是达到一定程度后，主体也会受到更多的非权威意见干扰，在一定程度上阻碍了统一观念的形成。

**表 3—4　　形成统一观念所需权威主体最小比例**

| 网络模型平均连通度 | 10 | 20 | 30 | 40 | 50 |
|---|---|---|---|---|---|
| 小世界 | 14% | 3% | 2.6% | 3.3% | 3.6% |
| 随机 | 6% | 2.6% | 2.4% | 2.7% | 3.1% |
| 无标度 | 6%<br>(1%) | 6%<br>(1%) | 6%<br>(1%) | 6%<br>(1%) | 6%<br>(1%) |

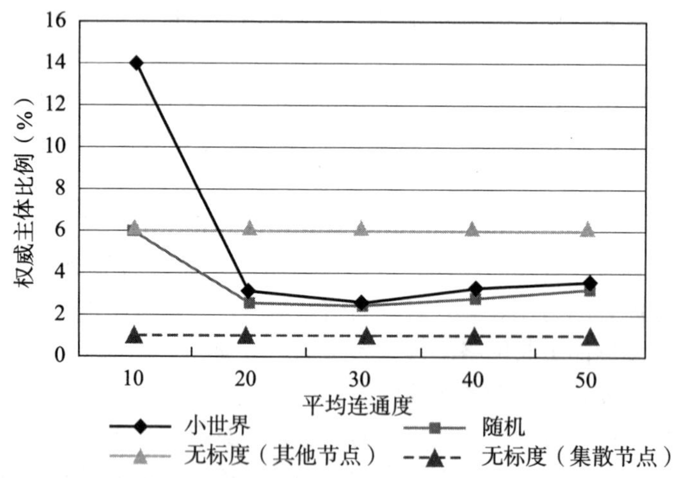


**图 3—8　形成统一观念所需权威主体最小比例**

无标度网络情况更为特殊，节点度服从幂律分布，随机选择的权威节点大多数并非集散节点，因此权威节点本身的连通度很低。形成统一观念所需权威主体数量保持在比较高的水平。如果使节点的影响力与他们拥有的连接度成正比，这时影响力大的节点就是连通度高的节点，权威观念容易得到传播，非常小比例的权威主体就可以保证全局统一观念形成。

下面的对比图 3—9 显示了不同限制条件、不同的初始结构和传播源位置（图中由比较大的深色节点标示）情况下，信息在系统中的覆盖范围随时间变化的趋势。左侧图为连接边限制，右侧图为节点限制条件，前两行为无标度网络结构，其中第一行传播源处于集散节点处，第二行传播源处于网络边缘，第三行为随机图。横向来看，节点限制的条件下，信息扩散速度明显受到了限制。各种结构均需要更长的时间才能使整个网络获得特定信息，尤其是无标度结构中区别很明显。纵向来看，连接边限制条件下，不同网络结构中信息扩散效率差异显著。传播源处于集散节点处，扩散速度非常快；传播源处于边缘时，信息到达网络中心之前扩散速度比较慢，之后速度非常快；随机图介于两者之间。在节点限制情况下，不同初始条件的差异不是很显著。

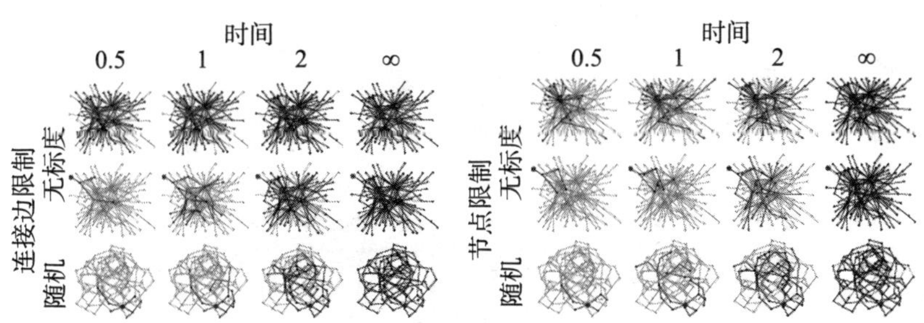


**图 3—9　无标度、随机网络上信息传播效率对比**

资料来源：M. Rosvall，“Sneppen，Self-Assembly of Information in Networks”，*Europhys. Lett.* 74，2006，1109.

这里的随机图主要起对照基准作用，实证研究表明，大量社会网络具有小世界、无标度特性。上述模拟结果显示了具有高效传播能力的网络结构特征，以及节点限制对传播效率可能造成的影响。所以在支持系统的设计中，应充分发挥长程连接和中心节点的传播优势，克服节点限制。

### 3.4.2 网络与传播动态过程

上面的分析显示网络整体结构以及节点在网络中的位置对传播效率都具有明显的影响。在这一小节，引入网络的动态因素，考察社会网络结构与网络上信息分布的互相影响，以及其中存在的反馈关系。

首先观察传播发生限制条件和传播对象选择范围对社会网络结构的影响。传播发生限制指节点限制和连接边限制的区别，传播对象选择范围由参数 $\eta$ 决定，具体定义及实现参见 3.3.2 小节对模型设计的介绍。下面图 3—10 所示的四个图，展示了两种连接限制条件下，参数 $\eta$ 分别取 1 和 100 时生成的网络构型图。

首先比较参数 $\eta$ 的效果，无论是哪种限制条件，当主体选择对象的决策主要受“历史印象”影响时（$\eta$ 取值越大），演化出的网络结构模块性更强，不容易形成明显的中心节点。这种特点可通过下面的统计指标得到印证，三角形小团体数量和网络直径显著增加，这些特征表明“小世界”

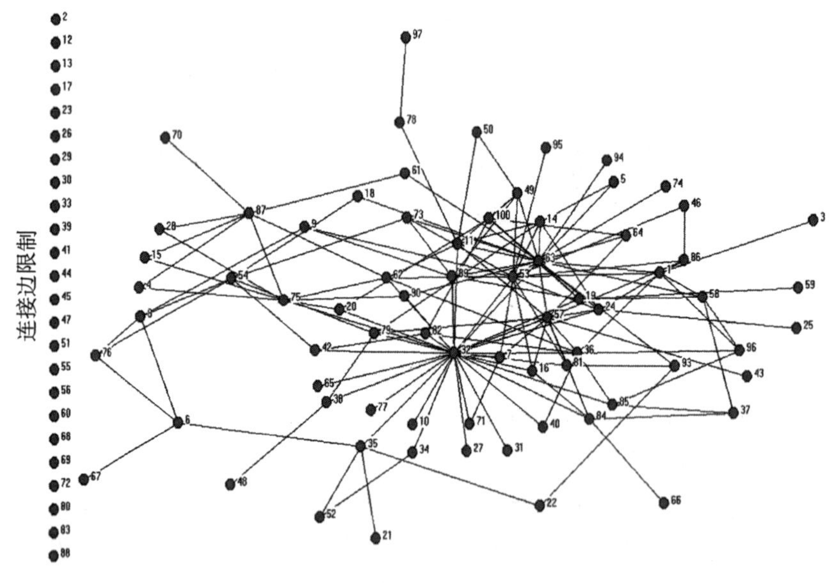


**图 3—10（a） 网络构型图（连接边限制，$\eta$=1）**

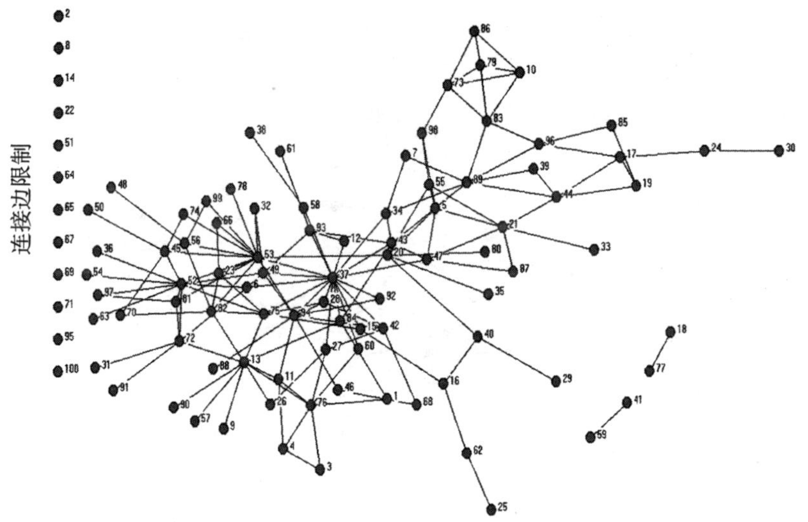


**图 3—10（b） 网络构型图（连接边限制，$\eta=100$）**

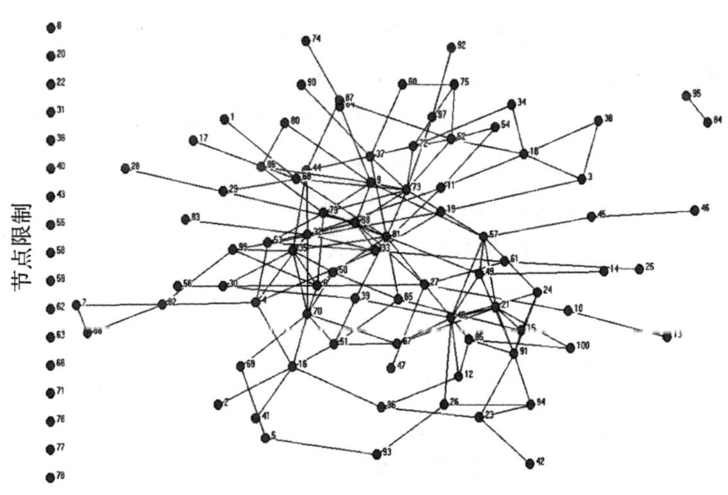


**图 3—10（c） 网络构型图（节点限制，$\eta=1$）**

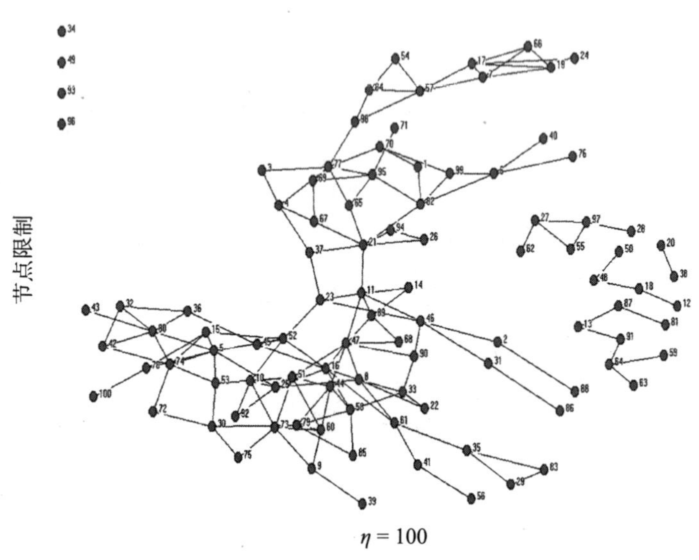


**图 3—10（d）　网络构型图（节点限制，$\eta$=100）**

**图 3—10　不同选择范围和限制条件下传播网络构型图**

效应有所减弱。接着比较不同限制条件的影响，节点限制条件下，网络的结构性更强，模块化程度更高。

在 $\eta$ 的不同取值条件下，重复运行模型，根据各个结构指标的平均得分绘制如图 3—11 所示的折线图。前两个折线图结合图 3—10 的网络构型图已经作了解释，实际上三角形结构比例和网络直径增加都量化地反映了网络结构化和模块化程度的增加。再来看 $n_{local}$ 和 $n_{global}$ 这两个指标，随着 $\eta$ 增加，$n_{local}$ 迅速下降，而 $n_{global}$ 基本保持在 $N$ 的水平，这种结果反映出主体决策时主要受局域范围内的影响。

图 3—12 反映了传播频度对网络中节点度分布的影响，以及实际传播网络结构与认知网络结构之间的关系。随着代表传播与重连发生比例的参数 $C$ 的增长，网络中度分布接近于无标度；同时认知网络与实际网络的分离程度逐渐缩小（参见图 3—12 右侧的度分布图，实际网络由圆点表示，认知网络由方点表示）。实际传播网络与主体认知网络既有联系又有区别，

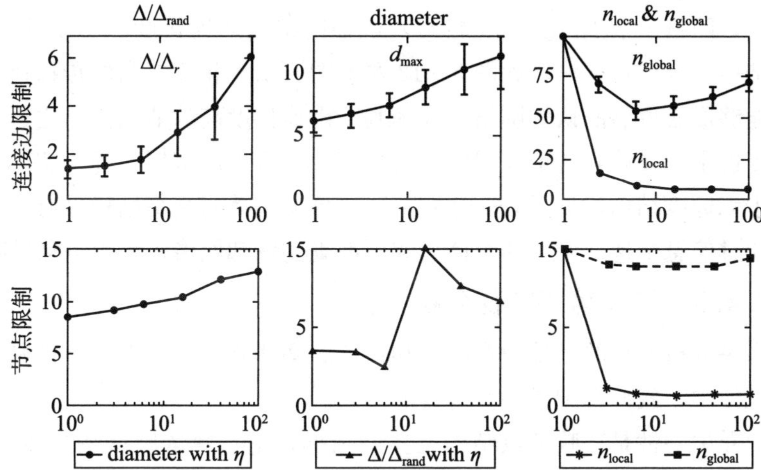


图 3—11　选择范围和限制条件对传播网络结构的影响

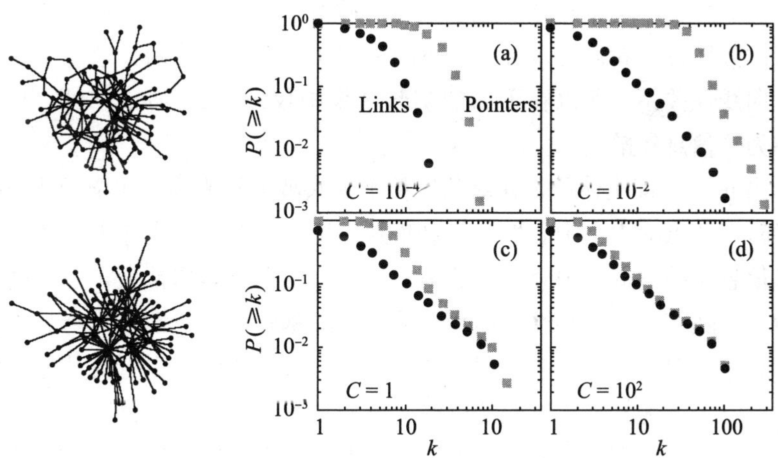


图 3—12　传播与重连发生比例对实际网络和认识网络结构的影响

资料来源：M. Rosvall，K. Sneppen，“Modeling Self-organization of Communication and Topology in Social Networks”，*Phys. Rev.* 2006，E74，016108.

传播欠缺时，两个网络差别较大，主体在传播、重连对象选择中的随机性也加大，网络中节点度分布比较窄，认知网络中的连接度高于实际情况，网络结构接近随机网络，如图 3—12 左上图所示。相反，高的传播比例使主体能够形成可靠的认知网络，准确判断出连接度高的节点并与之建立联系，促进了正反馈和自组织现象。网络度分布呈现出宽尾特征，实际网络接近于无标度结构，见图 3—12 左下图。可见传播对网络结构具有重要影响，通过信息传递，可以使个体形成更准确的认知网络，克服信息局限。

### 3.4.3　结构功能特征分析

网络分析的目的是希望在结构和功能之间建立联系，在对传播网络的动态模拟中，我们得到了一些有益的启发。

中介中心性是反映节点结构位置的指标，信息年龄则反映主体功能。系统中某个主体的信息年龄，有两层含义：一个是该节点对其他所有节点的平均信息年龄（outAge），或者系统中所有其他节点针对该节点的信息年龄（inAge）。信息年龄体现了信息的质量，质量高的主体在传播过程中占有优势地位。我们在多种条件下的模拟实验中发现，两种信息年龄表现出正向线性关系。所以在下面的实验结果中仅以“outAge”变量为代表，统称为“信息年龄”。

当 $\eta=1$，即主体的传播对象选择不受兴趣偏好影响，在全局范围随机选择时，节点的中介中心性与信息年龄成反比例关系。中介中心性越高的节点信息年龄越低，中介中心性为 0 的节点信息年龄非常大，去掉这种特殊情况，随着中介中心性的提高，信息年龄基本呈现线性下降趋势。拥有的信息年龄越小，在传播过程中越有可能以自己的信息去更新其他主体原有的信息，成为其他主体的信息源，进而被选择为连接对象。可见中介中心性高的节点，在信息传播中拥有优势地位。当传播对象选择的局域化程度加强时，对应的 $\eta$ 值增大，中介中心度的信息优势有所下降。随着网络结构模块化程度增强，中介中心性与信息年龄的负相关关系不再显著。图 3—13 对比了 $\eta$ 分别取值 1 和 100 时，两个变量间的关系。

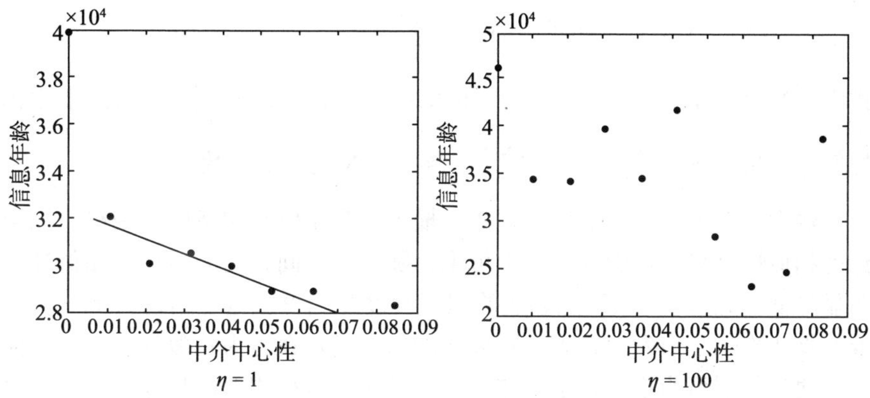


**图 3—13 η 取值不同时中介中心性和信息年龄间的关系**

接下来考察节点间的相似关系，记忆存储决定了主体对象选择的可能性，因此记忆存储相似性高的主体，未来更可能表现出行为相似性，所以，可通过记忆存储相似性衡量主体相似程度。首先将每个主体的记忆存储结构转换为偏好向量，转换的过程如图 3—14 所示，偏好向量（$x_1$，$x_2$，…，$x_N$）中各元素分别代表了相应主体在记忆存储中所占据的比例。

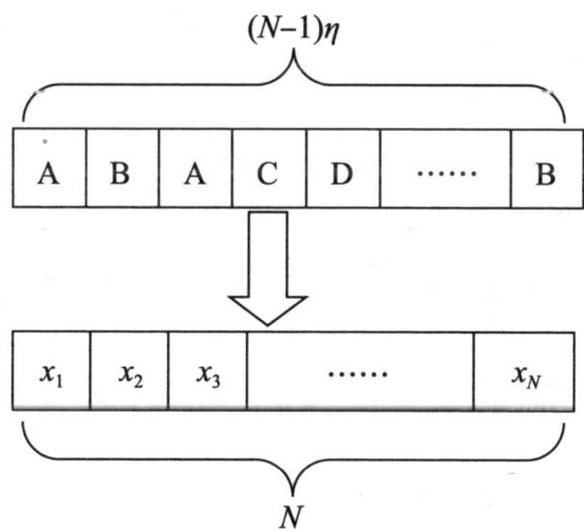


**图 3—14 主体存储结构转换方法**

再应用向量点积法（如公式（3.5）所示）计算向量对应的主体之间的相似性。

$$sim(N_1, N_2) = N_1 \cdot N_2 = \sum_{i=1}^{N} x_i y_i \tag{3.5}$$

式中，$N_1=(x_1, x_2, \cdots, x_N)$ 和 $N_2=(y_1, y_2, \cdots, y_N)$ 为两个主体的偏好向量，满足 $\sum_{i=1}^{N} x_i = 1, \sum_{i=1}^{N} y_i = 1$；$N$ 为节点个数。

输出结果如图 3—15 所示，图中横坐标是主体在网络中的距离，纵坐标是相似性度量。从图 3—15 中可见，随着节点间距离的增加，相似性有明显降低的趋势，4 级以上邻居的相似程度相当低。这个结论为下一章的推荐算法提供了启发：首先，距离近的邻居间存在行为相似的基础，可能可以通过邻居行为推断特定主体行为。其次，这种相似性只存在于近邻之间，距离比较远的邻居相似程度很低，参考价值不大，这为在算法中设定参考范围，优化算法效率提供了依据。

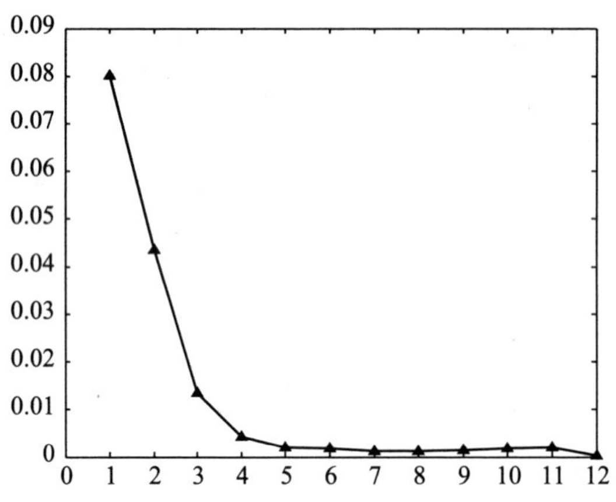


**图 3—15　距离与相似度之间的关系**

这个动态模型使我们能够分析信息传播和网络结构之间的相互影响。传播所基于的网络不再被简化为固定的，模拟实验让我们看到观念的传递是如何重构了他们传播的空间。模型中所有主体初始状态设定完全相同，运行结果显示了在社会网络整体层次上演化出的分裂趋势：随着传播和重连活动的开展，受到运行历史的影响，网络中形成围绕不同观念和兴趣的模块化结构，各主体在网络中拥有不同的地位；通过重复的传播和重连过程，局部的相似性和整体的分散性特征自组织地形成。

## 3.5 小　结

本章主要通过多主体计算机建模的方法，研究了知识传播与社会网络之间的相互影响，分析了网络结构与主体功能之间的关系。

本章首先介绍了系统理论和复杂适应系统的基本观点，分析了知识传播系统的复杂性特征。在 3.2 节，对计算机建模的特征和作用展开分析，这些特性决定计算机建模成为复杂系统研究中必不可少的工具。这一节还对涉及的建模技术、软件工具进行了简要介绍，特别是本章模型实现所应用的通用建模平台。接下来的两节，重点介绍了两个层次上模型的实验设计和模拟结果。首先考察了特定网络结构环境中，全局观念是如何通过局部影响形成的，进而考虑了在更复杂的动态网络中，传播行为与网络结构的相互作用。

计算机模型加深了我们对传播行为的认识，模拟结果显示：

（1）局部结构化程度对全局观念形成具有影响，结构化程度高的网络，比如规则网络，不易形成统一观念。此外，平均连通度和局部影响强度是共同起作用的因素。

（2）权威的意见领袖有助于形成统一观念，具有中等平均连通水平的网络最适于传播。结构不同的网络传播效率有明显区别，无标度网络中的集散节点是最高效的传播源，节点限制可能影响传播效率。

（3）在动态传播网络中存在自组织和正反馈特征，主体倾向于与观念相近的其他主体聚集，伴随传播过程，聚集与观念局部化互相加强。

（4）在结构特性与功能特性的综合分析中，我们发现节点的中介中心性与其信息能力具有明显的正向关系，而节点间距离与其相似性具有反向关系。

这些结论为知识传播支持系统设计提供了很多有益的启发，通过对应用网络的结构特征分析将促进系统传播功能的改善。在后面的章节中我们将进一步讨论具体策略。

# 第4章 基于复杂网络的个性化推荐技术研究

为了增进知识传播的针对性，提高传播效率，个性化推荐技术在信息过载的环境中显得尤为重要。个性化推荐能够为用户提供符合其需求的知识资源，传统方法中协同过滤技术的效果在许多应用中得到证实，但在初始评价信息稀疏、数据量大的条件下该技术仍然存在很多不足。为了改善这种状况，本章提出了将用户历史行为信息视为单维度或2—模式的复杂网络，将网络结构相似性应用于推荐算法设计，并提出了计算节点间相似性的迭代资源扩散算法。通过系列对比测试实验证明，这种方法能够应用于初始信息非常稀疏的条件，其网络社区发现功能为有效选择邻域精简数据提供了思路，同时还具有较好的实现效率和推荐准确性。

## 4.1 研究动机

上一章关于知识传播动态过程的建模与仿真研究，使我们理解了人际传播网络的动态演化规律，在此基础上，我们进一步研究如何能够有效地利用信息技术促进知识服务。个性化推荐技术将是本章的重点，这一技术能够促进知识传播的有效开展，提高知识应用和创新能力，进而实现“在适当的时间、适当的地点高效地将特定知识提供给特定的人”这一知识管理的基本目标。

在可获得的知识资源越来越丰富的环境下，推荐系统的重要性日益明显。互联网的飞速发展，存储设备和硬件设施成本降低，信息发布技术简化，使得网络上的内容供应迅速增长。这一方面使万维网这一宝库中积累了大量知识资源；另一方面，也为符合特定用户需求的知识发现、知识获取带来了障碍。为解决这种信息过载的矛盾，许多信息技术应运而生，比如数据挖掘、信息检索，当然也包括我们这里要重点讨论的个性化推荐。

知识获取的方式可以分为推送式（push）和拉动式（pull），拉动式方式首先由用户提出需求，再通过技术提供按需服务，只能在用户对自己的需求非常明确时发挥作用，这种方式的典型技术包括信息检索、查询等。而推送式方式，在信息技术的支持下通过数据收集、分析处理，将可能符合需要的信息推送给用户，为用户提供更加个性化、智能化的服务。在用户缺乏相关经验，具体知识需求尚未明确，或者需求难以表述的情况下，推送方式往往可以提高用户经验积累的效率，是一种更符合知识获取情境的传播方式。

在当前信息过载的网络环境中，个性化推荐是促进知识传播的重要技术。曾任 Google 中国 CEO 的李开复博士，在预测互联网发展趋势时，这样表述道：“搜索目前正在经历一个跨越。用户从被动灌输式获取信息转变为主动寻求信息，搜索进入了‘以人为先’的时代……将来，搜索引擎还要更智能、更人性地满足用户的需求，未来最聪明的搜索，是你不需要搜索，信息就会找到你。”① 从中可以看出，智能的个性化信息推送将是未来的一个重要方向，是当前占有令人瞩目地位的搜索技术的补充和扩展。

本书重点关注知识传播，而知识总是与特定情境和应用实践相联系的，是高度个性化的信息。所以，根据用户行为历史记录对用户可能的需要进行预测，从系统层面进行信息筛选和推荐，将缓解信息过载与注意力

① 参见李开复：《最好的公司 2008：预测与战略》，载《财经》（年刊），2007。

有限的矛盾，使知识传播更加有效。本章我们将重点讨论个性化推荐的算法，这也是本书知识传播研究的关键部分。网络环境下，用户、知识资源、系统算法智能和技术工具等一起构成了多维度多层次的复杂网络，利用前面章节中介绍过的方法和结论将有助于改善传统推荐算法的表现。

## 4.2 推荐系统与相关工作

推荐系统通常能够根据用户偏好的不同，提供独特的推荐结果，被形象地称为“个性化推荐”技术。推荐系统为推荐算法提供了应用环境，推荐算法是推荐系统中的核心模块，为了便于形成全局的认识，在本节中，将对推荐系统进行简要介绍，并对推荐算法的相关研究进展进行简要综述。

### 4.2.1 推荐系统简介

推荐系统多应用于电子商务领域，并发挥了积极的作用。公认的推荐系统定义实际上也是“电子商务推荐系统”的定义：利用电子商务网站向客户提供商品信息和建议，帮助用户决定应该购买什么产品，模拟销售人员帮助客户完成购买过程。① 本书讨论的推荐系统应用范围定位于知识协作，因此我们试着将定义扩展到知识应用范畴：利用信息网络技术，向用户提供知识资源和知识专家的建议，帮助用户发现其所需知识，以实现知识协作和知识应用，从而解决个人或组织遇到的问题。

推荐系统从构成来看，可分为输入功能模块、推荐方法模块和输出功能模块。一个实际的推荐系统应用中，在不同的模块上可选择不同的策略组合。应用环境特征差别是设计策略以及推荐算法选择的基础。环境特征包括被推荐对象的形式、数量等级、时效性，参与成员对被推荐对象的辨别能力、参与使用的积极性、对推荐准确度的要求等等，这些都是推荐系统策略设计时需考虑的重要因素。例如，对药方的推荐，要求比较高的准

① Sarwar, B. M., Karypis, G., Konstan, J. A., et al., “Analysis of Recommendation Algorithms for E-commerce”, in *Proceedings of the ACM EC’ 00 Conference*, Minneapolis, MN., 2000, 158-167.

确度，而对餐馆等场所的推荐准确性可以在效率、覆盖度指标的权衡中适当让步。对应用领域环境特征的系统分析将对推荐系统的成功具有重要意义。

推荐算法的输入输出，具有不同的形式。就现有系统来看，用户评价信息输入主要分为两类：显式表达，指用户（即要求获得推荐的人）为得到推荐必须对一些项目(item)对象进行评价，通过为项目对象打分等方式表达自己的偏好；隐式信息收集，指系统监测记录用户访问时间、下载行为或者个人收藏等使用历史，通过对记录进行挖掘推断用户偏好。输出是将推荐结果展示给用户的方式，主要形式有：建议(suggestion)，分为单个建议(single item)、未排序建议列表(unordered list) 和排序建议列表(ordered list)，典型的如 top—N 列表：根据客户的喜好，推荐出用户可能最感兴趣的 $N$ 件产品；预测(prediction)，系统对给定项目的推测评分；个体评分(individual rating)，输出其他客户对商品的个体评分；评论(review)，输出其他客户对商品的文本评价。①

### 4.2.2 推荐算法分类

推荐算法是推荐系统中最核心、最关键的技术，很大程度上决定了推荐系统性能的优劣。从算法的实现方法上来看，主要分为基于内容的推荐算法和协同过滤算法。

基于内容的推荐(content-based recommendation) 是信息过滤技术的延续与发展，它是基于项目的内容信息做出推荐。② 例如 Amazon. com③ 应用用户的购买历史记录提供建议：如果你买了一本计算机程序设计的图书，系统会推荐其他类似的计算机图书。

推荐需要根据用户对不同内容的兴趣偏好，系统基于用户过去做出的评价，学习用户兴趣，形成并在系统中保存每个用户的兴趣偏好向量 $w_i$，

---

① 参见余力、刘鲁：《电子商务个性化推荐研究》，载《电子商务集成制造系统》10(10)，2004，1306－1313。

② Baeza-Yates，R.，Ribeiro-Neto，B.，*Modern Information Retreival*，USA：Addison-Wesley，1999.

③ 参见 http：//www. amazon. com。

该向量包含了用户 $i$ 的偏好。而项目对象是通过相关的特征属性来定义，通过项目特征向量 $w_\alpha$ 表示。一般这类推荐系统在项目为文本格式时具有比较好的效果，这时文本项目的特征向量一般选用关键词的出现频数，系统根据用户与项目的匹配程度做出推荐，通常采用向量间夹角余弦值 $\cos(\vec{w}_i, \vec{w}_\alpha)$ 计算匹配程度 $u(i, \alpha)$：

$$u(i,\alpha)=\cos(\vec{w}_i,\vec{w}_\alpha)=\frac{\vec{w}_i \cdot \vec{w}_\alpha}{\|\vec{w}_i\| \cdot \|\vec{w}_\alpha\|} \tag{4.1}$$

这个数值越高，表示用户偏好与对象特征的匹配程度越高。相似的对象，具有相似的特征向量，针对某一特定用户会得到相似的效用值，所以采用这种方法，推荐系统会给用户推荐与他过去评价较高的对象特征相似的项目。

根据选用的学习方法的不同，用户资料模型的形式除了向量表示法以外，还有决策树、神经网络等表示方法，该类方法基本工作原理类似。基于内容推荐方法的优点是：（1）能为具有特殊兴趣爱好的用户进行推荐；（2）通过列出推荐项目的内容特征，可以解释为什么推荐那些项目；（3）已有比较好的技术，如关于分类学习方面的技术已相当成熟；（4）与协同过滤相比，不需要其他用户的数据，没有冷开始、新项目和稀疏性问题。

可见使用基于内容的推荐技术，能比较好地满足一部分推荐需求，然而这种方法的局限性也是很明显的：要求能容易地将内容抽取成有意义的特征，要求内容特征有良好的结构性，并且用户的偏好必须能够用内容特征形式来表达，不利于做出新颖项目推荐。

协同过滤推荐（collaborative filtering recommendation）技术是另外一种重要的推荐方法，也是推荐系统中应用最早和最为成功的技术之一。首个推荐系统——Tapestry——的开发者首创了“协同过滤（collaborative filtering)”这个表达。[①] 它一般采用最近邻技术，利用用户的历史偏好信息，计算用户之间的距离，然后综合目标用户的近邻对商品的评价信息，

---

① Goldberg, D., Nichols, D., Oki, B. M., Terry, D., “Using Collaborative Filtering to Weave an Information Tapestry”, *Commun. ACM* 35 (12), 1992, 61-70.

以预测该用户对特定商品的喜好程度，据此预测对目标用户进行推荐。

协同过滤算法和基于内容的过滤方法相比，具有明显的优势：

（1）能够过滤难以进行自动内容分析的信息，对推荐对象没有特殊要求，能处理非结构化的复杂对象，如音乐、电影等。

（2）共享其他人的经验，避免了内容分析的不完全和不精确，推荐结果考虑了信息质量、个人品位这类难以通过单纯的技术智能评判的因素。

（3）有推荐新项目的能力，克服了基于内容的推荐结果依赖用户过去表达的局限。协同过滤可能推荐与用户之前的选择在内容上完全不相似的信息，发现用户潜在的兴趣偏好。这是协同过滤和基于内容过滤一个较大的差别。

虽然协同过滤作为一种典型的推荐技术在许多应用中发挥了重要作用，但仍有一些问题限制了它的效果，其中最突出的包括稀疏性问题（sparsity）和可缩放性问题（scalability）。

基于内容推荐和协同过滤两种方法各有其优势和劣势，因此也有一些思路期待以一定的方式综合运用两种方法，使其取长补短，达到最佳应用效果。比如 Fab 系统，整体基于协同过滤机制，但借鉴基于内容的方法，利用每个用户的个人配置文档（profile），而非投票记录计算用户间相似性，一定程度上克服了稀疏矩阵问题。[①] 实践表明，混合方法何时优于单纯的协同过滤算法或基于内容推荐算法，并没有一般的规律，而是高度依赖于底层数据特征。通常这种方法包含很多参数，需要根据不同数据库样本先对这些参数进行调试。

从上面的分析可以看到，协同过滤技术更符合知识传播的应用环境，它在资源结构化程度不高时的推荐能力，以及对兴趣偏好和资源质量的综合考虑，满足了知识用户和知识资源推荐的需求。我们提出的算法借鉴了其中一些机制，所以在下一小节中将概述协同过滤算法的基本框架和应用研究进展。

### 4.2.3 协同过滤算法综述

现阶段互联网技术的逐步发展，使用户参与更加简单，意见表达更加

---

① Balabanovic, M., Shoham, Y., "Fab: Content-based, Collaborative Recommendation", *Communications of the ACM* 40 (3), 1997, 66-72.

便捷，再加上迅速增长的用户规模，都为协同过滤技术的深入发展提供了更为广阔的空间。协同过滤技术的基本实现机制为许多其他算法提供了框架，比如聚类方法[①]和 Horting 图方法[②]，在基本机制上与协同过滤一致，只是在邻居选择时采用了不同的具体技术。

协同过滤是基于这样的假设：为一个用户找到其可能感兴趣的内容，一种有效方法是首先找到与该用户有相似兴趣或偏好的其他用户，然后将他们感兴趣的内容推荐给目标用户。其基本思想非常易于理解，在日常生活中，我们往往会根据好朋友的推荐来进行一些选择，协同过滤正是把这一思想运用到推荐系统中来。

协同过滤算法虽然还说不上发展成熟，但在过去十几年中，已经取得了不少进展，很多方法被提议、实验，效果也在一定程度上得到度量和比较。Tapestry 是最早提出的基于协同过滤的推荐系统，要求目标用户明确指出与自己行为类似的邻居用户，这在大规模在线社区中不可行。[③] 自动化的系统应运而生，它们能根据用户历史评价记录，通过统计技术发现与目标用户具有相似性的邻居。GroupLens[④] 是基于用户评分的自动化协同过滤推荐系统，用于推荐电影和新闻。Ringo 推荐系统[⑤]和 Video 推荐系统[⑥]通过电子邮件的方式分别推荐音乐和电影。Breese 等人对各种协同过

---

① Dempster, A., Laird, N., Rubin, D. "Maximum Likelihood from Incomplete Data via the EM Algorithm", *Journal of the Royal Statistical Society*, 1977.

② Wolf, J., Aggarwal, C., Wu, K-L., and Yu, P., "Horting Hatches an Egg: A New Graph-Theoretic Approach to Collaborative Filtering", in *Proceedings of ACM SIGMOD International Conference on Knowledge Discovery & Data Mining*, San Diego, CA, 1999.

③ Goldberg, D., Nichols, D., Oki, B. M., Terry, D., "Using Collaborative Filtering to Weave an Information Tapestry", *Commun. ACM* 35 (12), 1992, 61 - 70.

④ Resnick, P., Iacovou, N., Suchak, M., Bergstrom, P., and Riedl, J., "Grouplens: An Open Architecture for Collaborative Filtering of Netnews", in *Proceedings of ACM CSCW'94 Conference on Computer-Supported Cooperative Work*, 1994, 175 - 186.

⑤ Shardanand, U. and Maes, P., "Social Information Filtering: Algorithms for Automating 'Word of Mouth'", in *Proceedings of ACM CHI'95 Conference on Human Factors in Computing Systems*, 1995, 210 - 217.

⑥ Hill, W., Stead, L., Rosenstein, M., and Furnas, G., "Recommending and Evaluating Choices in a Virtual Community of Use", in *Proceedings of CHI'95*, 1995.

滤推荐算法及其改进进行了深入分析和比较。[①]

综观协同过滤算法，通过三个基本步骤实现推荐：计算相似性；选取构成邻域的用户子集；将评分标准化，通过对邻居评价聚合得到预测的评价。相关算法的基本区别即体现在这几个基本步骤中所采取的不同策略。文献[②]根据实践总结出的算法结构及实现方法框架表对这类推荐系统进行了高度的总揽概括。参考该表并综合其他文献中的总结，我们绘制出协同过滤算法实现框架图，参见图 4—1。

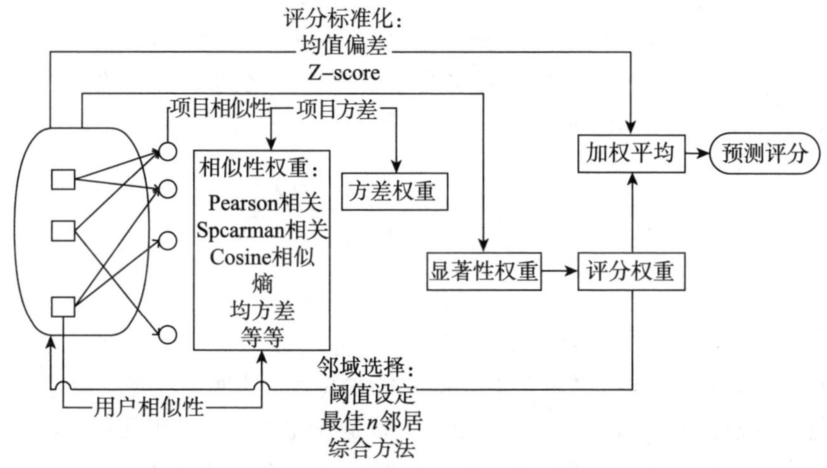


**图 4—1　协同过滤算法实现框架**

首先需要收集用户评价信息，所谓评价信息如前所述，可能是“显式”打分，或者是从系统“隐式”监测获得的用户行为信息转化的评价“打分”。用 $v_{i,j}$ 表示用户 $i$ 对项目 $j$ 的评价信息，包含所有的用户对所有

---

① Breese, J. S., Heckerman, D., Kadie, C., “Empirical Analysis of Predictive Algorithms for Collaborative Filtering”, in *Proceedings of the* 14*th Annual Conference on Uncertainty in Artificial Intelligence* (*UAI*—98), Morgan Kaufmann, 1998, 43-52.

② Herlocker, J., Konstan, J., Borchers, A., Riedl, J., “An Algorithmic Framework for Performing Collaborative Filtering”, in *Proceedings of the* 1999 *Conference on Research and Development in Information Retrieval*, 1999, 230-237.

项目打分的 $n \times m$ 矩阵构成了用户数据库，是推荐分析的基础，可以视为推荐算法的标准输入。评价信息可能是“有值”的，比如为 1～5 之间的一个数值，反映评价从低到高的差异；或者是“二分”的，通过数值 0 或 1 表示关系不存在或存在，比如某用户 $i$ 选择 $j$ 为其“好友”，则两者之间关系值为 1，否则为 0。

推荐算法的差别，首先在于“相似性”度量方法的选择：用户—用户相似性权重，区别不同用户对预测评价的影响；项目—项目相似性权重，区别用户过去对其他项目的评价对当前预测的影响。几种常见的相似性度量方法包括相关法、向量夹角余弦法（Cosine 算法）、距离法等。

采用 Pearson 相关系数可度量两个用户评价之间存在线性相关的程度，用户 $a$ 和 $i$ 之间的 Pearson 相关系数 $w$（$a$，$i$）根据以下公式计算：

$$w(a,i)=\frac{\sum_j(v_{a,j}-\bar{v}_a)(v_{i,j}-\bar{v}_i)}{\sqrt{\sum_j(v_{a,j}-\bar{v}_a)^2\sum_j(v_{i,j}-\bar{v}_i)^2}} \tag{4.2}$$

式中，$\bar{v}_a$，$\bar{v}_i$ 分别为用户 $a$ 和 $i$ 评价记录的平均分，其中项目 $j$ 上的累加表示用户 $a$ 和 $i$ 均给出评价的项目。这种方法显然仅适用于评价形式为“有值”的情况。同时，由于 Pearson 方法源于线性回归模型，要求实验数据符合模型基本假设，比如变量间关系是线性的，误差相互独立，服从均值为 0，方差为常数的概率分布。而现实推荐系统中用户数据常常违背这些假设，可应用 Spearman 等级相关系数替代，它应用等级排序而非具体评价数值，因此不依赖于上述模型假设，具体介绍参见文献。①

在此算法中，如果公共评价子集的规模太小，则会造成相似性结果偏差比较大。一些改进算法旨在解决此问题，比如引入显著性权重，赋予相似性结果不同的“信任度”。还可以通过缺失值填充的方法改善公共子集过小的情况。实际数据实验证明，这些简单的策略可能会在准确度上带来

---

① Herlocker, J., Konstan, J., Borchers, A., Riedl, J., “An Algorithmic Framework for Performing Collaborative Filtering”, in *Proceedings of the* 1999 *Conference on Research and Development in Information Retrieval*, 1999, 230 - 237.

明显的改善。①

另一种普遍应用的相似性度量方法，是上一章中应用过的向量点积法，两个向量的点积，反映了它们在不同维度上的相似程度，再对向量长度进行标准化。向量为二维时，公式反映了两个向量之间夹角的余弦，后面将此方法称为“Cosine 算法”。Cosine 算法是应用最广泛的算法之一，在信息检索领域的应用很成功。相似性依据下列公式计算：

$$w(a,i) = \sum_j \frac{v_{a,j}}{\sqrt{\sum_{k \in I_a} v_{a,k}^2}} \frac{v_{i,j}}{\sqrt{\sum_{k \in I_i} v_{i,k}^2}} \tag{4.3}$$

$$v_{a,j} \in I_a,\ v_{i,j} \in I_i$$

式中，$I_a$ 和 $I_i$ 分别为用户 $a$ 和 $i$ 评价过的项目集，此公式与公式（4.1）含义相同，只是表达更加细化。

此外，基于信息熵的方法也可以用来度量用户间相关性②，Ringo 系统中还介绍了基于均方差（mean-squared difference）度量用户间相似的方法。③

在度量用户—用户相关性时，对用户在所有项目对象上的评价分值“一视同仁”，还可以从对象特征出发，根据其获得评价的一致性水平赋予不同权重。通过在原有的相似性度量算法中引入项目方差权重因子，给区分度高的项目相应的影响力，可以改善推荐准确性。文献④提出了方差权重因子构建的具体建议和数据实验验证。

---

① Breese, J. S., Heckerman, D., Kadie, C., “Empirical Analysis of Predictive Algorithms for Collaborative Filtering”, in *Proceedings of the 14th Annual Conference on Uncertainty in Artificial Intelligence* (*UAI*—98), Morgan Kaufmann, 1998, 43-52.

② Press, W. H., Flannery, B. P., Teukolsky S. A., Vetterling W. T., *Numerical Recipes*, *The Art of Scientific Computing*, New York, NY: Cambridge University Press, 1986.

③ Shardanand, U. and Maes, P., “Social Information Filtering: Algorithms for Automating ‘Word of Mouth’”, in *Proceedings of ACM CHI'95 Conference on Human Factors in Computing Systems*, 1995, 210-217.

④ Herlocker, J., Konstan, J., Borchers, A., Riedl, J., “An Algorithmic Framework for Performing Collaborative Filtering”, in *Proceedings of the 1999 Conference on Research and Development in Information Retrieval*, 1999, 230-237.

在确定了计算用户相似性权重的方法之后，下一步需要决定用户数据库中哪些其他用户是要借鉴的“邻居”。可以将被推荐用户以外的所有其他用户作为影响力不同的邻居，或者选择影响达到一定程度的用户子集作为邻居。无论从准确度还是从效率表现上看，选择有效的用户子集作为邻居比选择所有其他用户作为邻居效果更好。通过设定选择邻域范围的参数，可以滤除影响不明显的“噪音”信息干扰，使推荐算法具有可缩放性，并可在效率与准确性之间权衡。筛选邻居主要有两种技术：一种是相关阈值（correlation-thresholding），另一种是最佳 $n$ 邻居（best-n-neighbor）。

下面要对目标用户邻居的评价信息进行综合，以给出推荐结果，在前面介绍的算法基础上，通过对邻居评价值的加权聚合即可获得。在对结果进行聚合之前，可以选择先进行标准化处理，以期达到更优效果。普遍应用的标准化方法是通过计算用户均值偏差（deviation-from-mean），即当前评价值与用户平均评价值的差别，对此方法的一个延伸是，将评价分值转换为统计中标准的 Z-score。根据实验结果，使用均值偏差法非常显著地改善了未经标准化的推荐结果，而 Z-score 的改进效果不明显，意味着用户评价的分布范围对预测的影响不显著。

综上，对用户 $a$ 在项目 $j$ 上的打分 $p_{a,j}$ 做出预测，是通过其他用户打分情况的加权和，具体公式如下：

$$p_{a,j} = \bar{v}_a + \frac{\sum_{i \in I} w(a,i)(v_{i,j} - \bar{v}_i)}{\sum_{i \in I} |w(a,i)|} \tag{4.4}$$

式中，$I$ 为目标用户的邻居子集；$\bar{v}_a$ 为目标用户 $a$ 的评价均值；$\bar{v}_i$ 为邻居用户 $i$ 的评价均值；$w(a, i)$ 为邻居用户评价对目标用户影响的权重。

前面介绍了应用协同过滤算法实现推荐的基本思想、关键步骤，以及主要的研究进展。可以看到对算法构成的各个环节都有一些不同的方法被提议，究竟应当如何选择，除考虑具体的数据获取条件外，还需要对算法表现进行衡量，下面我们将介绍算法比较的评价指标。

### 4.2.4 推荐算法的评价指标

为了对各种算法进行评判、比较，一些评价指标被设计出来，这些指标为算法选择提供了量化依据。根据推荐结果不同的呈现方式，评价指标具有不同形式。推荐算法给出的推荐结果主要有两种呈现方式：一种可以称为预测（predict），单个项目逐次呈现给用户，预测的评价得分与对应项目一起显示；第二种，可以称为推荐（recommendation），为用户提供一个有序的项目列表，排序最高的为预测最受青睐的。

对于预测推荐方式，为度量结果准确性，应用比较广泛的是平均绝对误差（mean absolute error，MAE）。其他度量指标还包括均方差的平方根（root mean squared error）、实际评价值与预测值的相关性等等。这些统计指标可以根据预测评价结果数据直接计算，实践证实，指标间具有较强的相关性，虽然不同指标的数值有差异，但得到的结论一般是一致的。[①] 标准化的 MAE 指标可以通过以下公式计算：

$$\text{MAE}=\frac{1}{n_{\text{test}}\left|v_{\max}-v_{\min}\right|}\sum_{j,\beta}\left|v'_{j\beta}-v_{j\beta}\right| \tag{4.5}$$

式中，$v'_{j\beta}$ 为预测评价；$v_{j\beta}$ 为实际评价；$n_{\text{test}}$ 为测试集中的项目数；$|v_{\max}-v_{\min}|$ 为推荐系统中的最高评价分与最低评价分值的差，该因子克服了评价系统打分范围差异带来的指标值差异，从而使结果可在评分范围不同的系统之间相互比较。

列表形式的结果展示方式，具有更广泛的应用范围，一方面在资源数量非常巨大而且需求目标不十分明确的情况下，更能满足用户需要，另一方面，可以方便地与搜索技术结合，实现搜索结果的个性化展示。当推荐结果展示为列表形式时，需要不同的评价指标模型，但是，前期的文献中对此类型评价指标介绍比较少。文献[②]介绍了一种基于列表带给用户的效用期望指标，用以评判推荐列表的质量，但其实现过程比较复杂，而且效用的衡量标准不容易确定，因此实用性不是很强。列表形式是我们提议的推荐算法的主要输出形式，所以后面在实验结果介绍部分我们具体提出了

---

① Sarwar, B. M., Konstan, J. A., Borchers, A., Herlocker, J., Miller, B., Riedl, J., "Using Giltering Agents to Improve Prediction Quality in the Grouplens Research Collaborative Filtering System", in *Proceedings of* 1998 *Conference on Computer Supported Collaborative Work*, 1998, 345 - 354.

② 同上。

自己的评价模型。

侧重点不同的评判角度，还有其他不同的指标，前面介绍的指标主要针对算法准确性方面，其他角度还包括覆盖度、算法效率等，后面的实验部分对涉及的指标还会作出进一步解释。

## 4.3 基于网络的推荐算法设计

推荐系统在信息过载的网络环境中发挥着越来越重要的作用，前面的综述也使我们看到推荐算法的研究已取得了一定的效果，但仍然存在一定的局限。本书的中心目标是：通过引入推荐模块增进知识传播的效率和有效性，特别是在初始知识经验不足、用户和资源都迅速变化的环境中。这就意味着，我们所应用的推荐系统应当具有比较短的学习周期，在初始信息量比较少的情况下仍然能够发挥功能，这是系统赢得更多用户、发挥更大作用的必要前提。所以要求选择的算法能够克服信息稀疏性问题，而这正是协同过滤算法的不足之处。另一方面，由于知识固有的情境依赖特性，重要的隐性知识难以表达，知识资源形式多样化等特点，使得需要对资源项目进行清晰描述的基于内容的推荐算法也难以实现。

在这一节中，将具体介绍我们提议的基于网络的推荐算法，我们从网络的视角分析用户的行为记录，并应用前面章节中讨论过的网络分析方法改善推荐算法，使之成为促进知识传播的一个关键环节。

### 4.3.1 网络中的结构相似性

在信息技术支持的知识协作平台上，用户对知识资源或者其他用户的评价信息在系统内形成记录，这些记录构成的评价矩阵是推荐算法的基础。一个关键的问题在于，当这个矩阵规模巨大而且稀疏时，算法效率和效果受到很大影响。在第 2 章的网络分析中曾介绍过，矩阵是网络的一种表示方式，从网络的角度来分析用户评价矩阵，并利用网络分析方法改善上述问题是我们的主要思路。

根据应用环境的不同，这里提到的网络包括了两种情况：当网络中所有节点都属于同一类别时，构成单维度网络，比如所有用户组成的用户网络或者所有信息内容组成的知识资源网络；当网络由两类不同性质的节点构成，连接关系只存在于不同性质的节点之间时，称之为2—模式网络，比如用户评价矩阵所代表的网络。这两种网络在实际应用中都非常重要，为用户发现偏好相似的其他用户或可能感兴趣的知识资源服务，所以在后面两小节对这两种情况分别作介绍。下面我们首先介绍网络结构相似性度量的基本方法。

相似性是网络分析中的一个重要概念，两个节点可以在很多不同意义上相似。在这里，我们考虑两个节点的相似主要基于其网络结构，这种相似性称为结构相似性。结构相似性不依赖于对象的内容，在实际应用中具有较高的效率。量化节点之间的结构相似性不是一个新的课题。之前应用得最普遍的一种方法是被称为结构对等（structural equivalence）的方法。[①] 如果两个节点共享了许多网络邻居，就被认为是结构对等的。例如，在一个社会网络中，两个个体如果拥有共同的一些朋友，就合理地被认为在某种意义上是相似的。把$\Gamma_i$记作节点$i$在一个网络中的邻居，那么$i$和$j$的共同朋友的数量可记为：

$$\sigma_{\text{unnorm}}=|\Gamma_i \cap \Gamma_j| \tag{4.6}$$

式中，$|x|$为集合$x$的基数（cardinality，其中元素的个数），因此$|\Gamma_i|$表示节点$i$的度。

$\sigma_{\text{unnorm}}$可以被视为量化两个节点相似性的基础方法，但是当节点的度很大的时候，即使共有邻居很少，这个值也非常大。因此，通常需要按某种方法对此公式标准化（normalize），文献中提议的这种标准化算法至少包括三种[②]，参见下列公式：

$$\sigma_{\text{Jaccard}}=\frac{|\Gamma_i \cap \Gamma_j|}{|\Gamma_i \cup \Gamma_j|} \tag{4.7a}$$

---

① Lorrain, F., White, H., "Structural Equivalence of Individuals in Social Networks", *Journal of Mathematical Sociology* 1, 1971, 49－80.

② Salton, G., *Automatic Text Processing: The Transformation, Analysis, and Retrieval of Information by Computer*, Reading, MA: Addison-Wesley, 1989. Ravasz, E., Somera, A. L., Mongru, D. A., Oltvai, Z. N., Barabási, A.-L., "Hierarchical Organization of Modularity in Metabolic Networks", *Science* 297, 2002, 1551－1555.

$$\sigma_{\text{cosine}}=\frac{|\Gamma_i\cap\Gamma_j|}{\sqrt{|\Gamma_i||\Gamma_j|}} \tag{4.7b}$$

$$\sigma_{\min}=\frac{|\Gamma_i\cap\Gamma_j|}{\min(|\Gamma_i||\Gamma_j|)} \tag{4.7c}$$

但是，很多情况下，节点在网络中没有共同的邻居却拥有相似的结构位置。例如，两个商店的店员与很多不同的客户有交互，尽管没有共同客户，店员仍然具有相似的社会位置。考虑这种情况，网络相似性可以扩展为正规对等（regular equivalence），此时，两个节点被认为是相似的，当它们连接到其他彼此相似的节点。正规对等显然是一个自反的概念：必须知道两个节点邻居的相似性，才能计算出这两个节点的相似性。依据文献①阐述的思想，我们实现了通过矩阵运算对网络中节点结构相似性的计算。在此基础上，我们提出了通过将网络视为资源扩散的结构，以资源最终分布结果来度量节点间相似性的方法，进一步提高了效率，通过迭代策略使算法在初始矩阵非常稀疏的条件下依然能保持其可靠性。我们将这种思想应用于单维度网络和2—模式网络的推荐中，并讨论了它的社区发现（community detection）功能。下面首先介绍两种网络条件下的具体算法。

### 4.3.2 节点递归相似算法

单维度网络是2—模式网络分析的基础，最基本的情况下，连接关系是二值的，仅以数值1和0表示关系“存在”或“不存在”。接下来的两小节将从这种最基本的情况入手，介绍两种网络相似性的计算方法，我们称之为“节点递归相似算法（vertex similarity）”② 和“迭代资源扩散算法（iterated resource diffusion）”。

单维度网络中结构相似性的定义为：

**定义 4.1** 有两个节点 $i$ 和 $j$，当它们其中之一的邻居节点 $v$ 和它们中的另一个节点相似时，我们说节点 $i$ 和 $j$ 是相似的。

---

① Leicht, E. A., Holme, P., Newman, M. E. J., “Vertex Similarity in Networks”, *Phys. Rev. E.* 73.026120, 2006.

② 此算法相关内容摘译自文献 Leicht, E. A., Holme, P., Newman, M. E. J., “Vertex Similarity in Networks”, *Phys. Rev. E.* 73.026120, 2006。

节点结构相似的示意如图4—2所示。

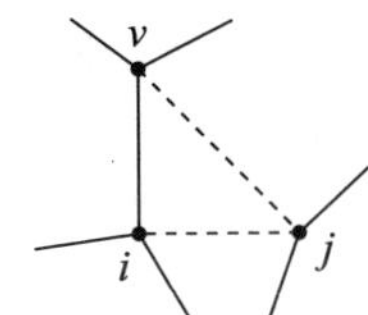


**图4—2 节点结构相似示意**

其中，我们假设节点和其本身是相似的。相对于其他方法，这个方法具有一些优点：它是全局的；允许节点相似但没有共有邻居；避免了其他优化方法收敛性的问题；实现起来比较容易。

这样定义的相似性意味着网络中连接边所连接的两个节点是相似的，因此，可以假设如果社会网络中两个没有直接连接的节点相似，那么他们将很可能建立一条连接边，这是下面进行推荐的依据。此处的定义是递归性的，需要规定起始点，使得推断结果收敛，这个起始点就是一个节点与其自身是相似的。

根据定义，节点 $i$ 到 $j$ 的相似性 $S_{ij}$，可以表示为：

$$S_{ij}=\varphi\sum_{v}A_{iv}S_{vj}+\psi\delta_{ij} \tag{4.8}$$

式中，$\delta_{ij}$ 为 Kronecker 函数；$A_{ij}$ 为网络的邻接矩阵中的一个元素，其值为1（$j$ 和 $i$ 之间有边）或0（$j$ 和 $i$ 之间没边）；$\varphi$ 和 $\psi$ 为自由参数，用以控制相似度前后两项的平衡。

将等式（4.8）写作矩阵形式，整理并简化后可得下式：

$$S=[I-\varphi A]^{-1} \tag{4.9}$$

式中，$I$ 为单位矩阵。

等式（4.9）中的参数 $\varphi$ 仍然是自由的。为了确定 $\varphi$ 的适当值，我们将相似性计算公式用幂级数展开，可以得到：

$$S=I+\varphi A+\varphi^2A^2+\cdots \tag{4.10}$$

这个等式变形使我们可以从另外一个角度逐项地解释这个相似性的含

义。第一项表示一个节点和其自身完全相似；第二项表示节点和其直接邻居节点的相似度为 $\varphi$；第三项表示节点与其有两步距离的节点的相似度为 $\varphi^2$；其余的依此类推。这就意味着，那些拥有较多路径连接的一对节点更相似。节点 $i$ 和 $j$ 的相似度，从每条由 $i$ 到 $j$ 长度为 2 的路径上获得 $\varphi^2$ 的贡献，从每条长度为 3 的路径上获得 $\varphi^3$ 的贡献。注意，存在一些特殊情况：例如，度非常高的节点对必然有许多路径连接相连，即使这些连接是随机的。因此，简单通过路径条数不足以得出相似的结论，我们需要知道什么时候一对节点具有比随机情况中预期要多的路径连接。这就需要建立一种选择 $\varphi$ 的策略，将长度为 $l$ 的路径条数除以该长度路径的预期条数（节点在网络中随机连接时），以此标准化级数中的每一项。这样，每一项将由一个因子控制，这个因子表示了相应一对节点具有给定长度路径的条数对比随机预期条数的程度。事实上，很难选择到一个 $\varphi$ 值，使级数的各项同时达到这样的标准化，但是，如果对等式（4.9）稍作修改，就能够找到一个值，对每一项实现大致标准化，并趋近于级数中最高项的确切极限。对每个节点对 $i$ 和 $j$ 的每一项引入一个独立系数，将等式（4.10）一般化为下式形式：

$$S_{ij} = \sum_{l=0}^{\infty} C_l^{ij} [A^l]_{ij} \tag{4.11}$$

注意到，元素 $[A^l]_{ij}$ 等于从 $i$ 到 $j$ 长度为 $l$ 的路径的条数。每个系数取为节点对相应长度路径期望数的倒数，通过配置模型（configuration model）推导出路径预期条数是可能的，但是仅限于路径长度较短的情况。[①] 因此，通过一个近似表达式来估计，该表达式能够在任何级数上应用。

从 $i$ 到 $j$ 的长度为 $l$ 的路径预期条数可以写作向量 $P_l$ 的第 $j$ 个元素，

---

① Molloy M.，Reed，B.，"A Critical Point for Random Graphs with a Given Degree Sequence"，*Random Structures and Algorithms* 6，1995，161－180. Newman，M. E. J.，Strogatz，S. H.，Watts，D. J.，"Random Graphs with Arbitrary Degree Distributions and their Applications"，*Phys. Rev. E* 64，026118，2001. 文献 Leicht，E. A.，Holme，P.，Newman，M. E. J.，"Vertex Similarity in Networks." *Phys. Rew E*. 73. 026120，2006 的附录 A 中讨论了短路径的期望条数。当路径长度增加时，这个值的表达式会变得非常复杂，因此无法适用于公式（4.11）这样的级数形式。

$P_l$ 由下式给出：

$$P_l = A^l v \tag{4.12}$$

其中，向量 $v$ 除了 $v_i=1$，其他所有元素均为 0。

对于有限且足够大的 $l$ 来说，向量 $P_l$ 趋近于邻接矩阵 $A$ 的最大特征向量，因此，得到 $P_{l+1}=\lambda_1 P_l$，其中 $\lambda_1$ 是矩阵 $A$ 的最大特征值。① 因此，当每次从 $i$ 到 $j$ 的路径长度增加一步时，路径的条数增加 $\lambda_1$ 倍。但是路径的第一步违反了这个规律：在第一步时，从 $i$ 发出的边的数量为 $k_i$（$k_i$ 是节点 $i$ 的度），其指向的节点最多有 $2m$ 个（$m$ 是网络中的总边数），而所有路径止于节点 $j$ 的边的数量为 $k_j$，那么从 $i$ 到 $j$ 的路径长度为 1 的可能性为 $\frac{k_j}{2m}$，也就是说，从 $i$ 到 $j$ 的长度为 1 的路径预期条数为 $\frac{k_i k_j}{2m}$，则从 $i$ 到 $j$ 的长度为 $l$ 的路径预期条数为 $\frac{k_i k_j}{2m}\lambda_1^{l-1}$。进而，我们可以得到：

$$C_l^{ij} = \frac{2m}{k_i k_j}\lambda_1^{-l+1} \tag{4.13}$$

式中，$l \geqslant 1$，并且 $C_0^{ij}=\delta_{ij}$。

在得到相似度的最终表达式之前，我们还需要处理一个问题。如果简单将等式（4.13）代入等式（4.11），那么之前的幂级数就不再是收敛的。这是因为，在路径长度 $l$ 足够大时，不同网络条件下，节点对间具有大体相同、与随机情况相似的路径期望条数，这就意味着，级数（4.11）中路径长度 $l$ 较大的项目趋近于 1，而无限多项累加构成的级数即为发散的。为了保证收敛性，引入因子 $\alpha$，这时级数转化为如下形式：

$$\begin{aligned} S_{ij} &= \delta_{ij} + \frac{2m}{k_i k_j}\sum_{l=1}^{\infty}\alpha^l \lambda_1^{-l+1}[A^l]_{ij} \\ &= \left[1-\frac{2m\lambda_1}{k_i k_j}\right]\delta_{ij} + \frac{2m\lambda_1}{k_i k_j}\left[\left(I-\frac{\alpha}{\lambda_1}A\right)^{-1}\right]_{ij} \quad (0<\alpha<1) \end{aligned} \tag{4.14}$$

从形式上来讲，参数 $\alpha$ 的作用是减少长路径相对于短路径对最终表达

① Stewart, G. W., *Matrix algorithm* (*II*), Philadelphia, PA: SIAM, 2001.

式的贡献率。这个参数的取值范围为 $0<\alpha<1$，这个值较小时比较侧重于节点之间的短路径，这个值较大时同时考虑了节点之间的短路径和长路径。当然这里没有一个固定数值能满足所有网络，实践证明其取值在 0.9～0.99 之间是比较典型的，本书中我们取 $\alpha=0.97$。

等式（4.14）中的首项仅影响所有节点对其自身的相似度，可以去掉，最终得到如下表达式：

$$S_{ij}=\frac{2m\lambda_1}{k_ik_j}\left[\left(I-\frac{\alpha}{\lambda_1}A\right)^{-1}\right]_{ij} \tag{4.15}$$

可以写成等价的矩阵形式：

$$S=2m\lambda_1D^{-1}\left(I-\frac{\alpha}{\lambda_1}A\right)^{-1}D^{-1} \tag{4.16}$$

式中，$D$ 为对角矩阵，$D_{ij}=k_i\delta_{ij}$，其中对角元素值为节点的度，$D_{ii}=k_i\delta_{ii}$。

这与等式（4.9）中提出的相似性计算公式具有相同的形式，其中 $\varphi=\frac{\alpha}{\lambda_1}$。在实际计算中，如果只做乘法，相似性矩阵的计算就变得更简便。为方便计算起见，去掉约束因子 $2m\lambda_1$，我们可以将等式（4.16）进一步转化为如下形式：

$$DSD=\frac{\alpha}{\lambda_1}A(DSD)+I \tag{4.17}$$

这是一个迭代的计算式，$DSD$ 的初始值可以随意设定，我们的实验中取其初始值为 0，然后反复迭代公式（4.17），直至其收敛。

### 4.3.3 资源扩散算法

等式（4.10）提供了对理解相似性很有意义的表达方式，通过进一步分析公式，可以得到我们称之为“资源扩散算法”的推荐算法。

首先，考虑一个网络（暂时不考虑连接方向）的邻接矩阵 $A$。其二次幂为 $A^2$，其中每个元素的值 $A_{ij}^{[2]}=\sum_{k=1}^{g}A_{ik}A_{kj}$，该级数中的一项，乘积 $A_{ik}A_{kj}$ 等于 1，仅当 $A_{ik}=1$ 并且 $A_{kj}=1$。在网络的所有项目中，仅当边（$n_i$，$n_k$）和边（$n_k$，$n_j$）都存在时，有 $A_{ik}A_{kj}=1$，路径 $n_in_kn_j$ 存在于该

图中。因此，$\sum_{k=1}^{g} A_{ik}A_{kj}$ 记录了所有从节点 $n_i$ 到节点 $n_j$ 的长度为 2 的路径的数目。类似地，我们能够通过研究矩阵 $A$ 的幂，考虑任何长度的路径。例如，$A^3$ 的元素记录了节点对之间长度为 3 的路径数目。这样的乘法能够用于寻求更长的路径。一般地，矩阵 $A^p$（矩阵 $A$ 的 $p$ 次幂）的记录项给出了从节点 $n_i$ 到节点 $n_j$ 的长度为 $p$ 的路径的总计数目。

如果两个节点之间有一条路径，那么他们是彼此可达的，资源可以通过路径扩散，在节点之间传递。将目标用户设定为资源的起始发布点，通过迭代扩散过程，考察一段时间后系统中其他节点获得的资源量，以此判断他们与目标用户的相似程度。假设资源通过连接边，等概率地向其他节点进行扩散，则扩散结果反映了节点之间的连通情况：越接近资源来源，路径距离越短，获得资源的比例越高；如果有多条路径连接，获得资源的机会也越多。由此可以判断网络中所有节点对之间的相似度情况。经过迭代，没有直接连接的节点对的连通性信息也得到充分利用，在初始连接密度很低的情况下，也可以迅速为整个网络赋值。通过调节迭代系数，可以在效率和效果间权衡，使算法适用于不同数据条件。

通过迭代扩散改善直接连接稀疏性的效果，可以通过对 LiveJournal 数据集的分析来验证。

下面的表 4—1 分别列出了节点 0 和网络中所有节点平均邻居数随着考虑的路径长度增加而增长的情况。

**表 4—1　　邻居数量随邻居范围变化**

| 邻居路径长度 | 节点 0 邻居数量 |
|---|---|
| 1 - step | 6 |
| 2 - step | 287 |
| 3 - step | 13 787 |

| 邻居路径长度 | 网络平均邻居数量 |
|---|---|
| 1 - step | 17 |
| 2 - step | 1 780 |

图 4—3 显示了标号为 0 的用户的 3 级邻居网络，其中 1 级邻居由圆点表示，2 级邻居由正方形表示，3 级邻居由三角形表示，可见随着级数增长，邻域的规模也迅速扩大。

图 4—4 显示了邻居距离范围与相应的邻接矩阵密度间的关系：通过非直接邻居的引入，迭代方法使邻接矩阵密度大幅增加。

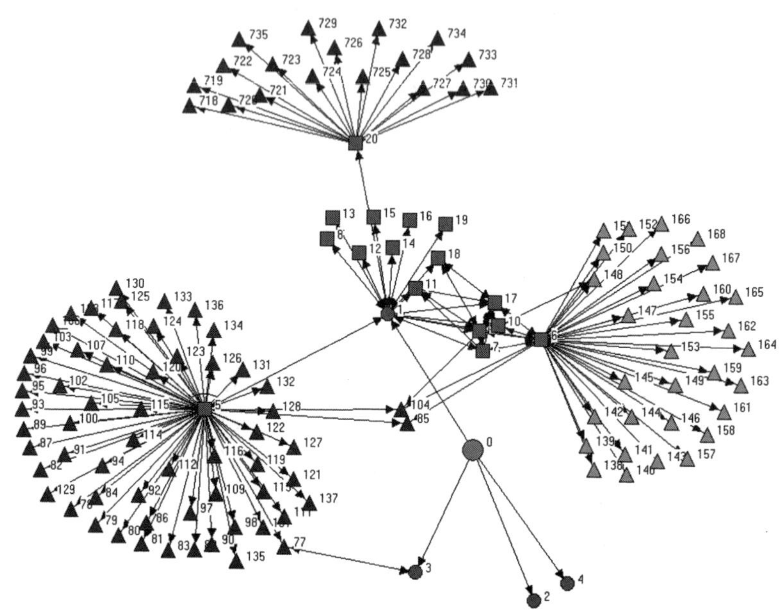

图 4—3　节点 0 的 3 级邻居网络

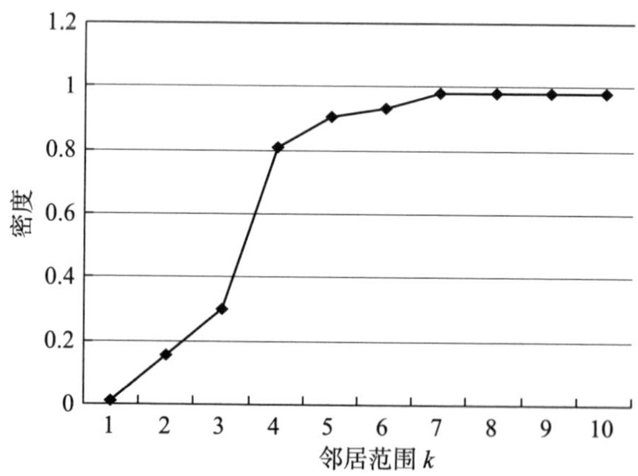


图 4—4　邻接矩阵密度随邻居范围变化关系

具体来说，我们通过分析邻接矩阵 $A$ 的幂，研究节点对之间的路径可达性，从而得出资源在节点间扩散的可能性。网络的最长可能路径为 $g-1$($g$ 为网络节点总数，任何长度大于 $g-1$ 的通路必然包含出现多于一次的节点，而不是路径)，因此，如果两个节点是可达的，那么至少存在一条长度为 $g-1$ 或者更小的路径。现在考虑在两个节点 $n_i$ 和 $n_j$ 之间是否存在一条长度为 $k$ 或者更小的路径，如果存在，那么，对于一些 $p\leqslant k$ 的值，元素 $A_{ij}^{[p]}$ 将等于或大于 1。一个判断两个节点是否可达的方法是检查所有矩阵，$\{A^p, 1\leqslant p\leqslant g-1\}$，如果两个节点是可达的，那么在该集合中至少存在一个非零项。当对这些乘积矩阵求和时，$p=1$，2，…，$(g-1)$，我们能够得到一个矩阵：

$$A^{[\Sigma]}=A+A^2+\cdots+A^{g-1} \tag{4.18}$$

其中的各项反映了从节点 $n_i$ 到节点 $n_j$ 的长度小于或等于 $g-1$ 的路径的总计数目。矩阵 $A^{[\Sigma]}$ 中单元 $(i, j)$ 取值为 0 意味着从节点 $n_i$ 到节点 $n_j$ 不存在一条路径，即这两个节点是不可达的。

由此，我们可以将这个相似度衡量算法表示为：

$$S=\sum_{l=1}^{\infty}A^l \tag{4.19}$$

为了使级数（4.19）收敛，我们将矩阵 $A$ 标准化，将 $A$ 的每一个元素除以所在行节点的度，即 $A_{ij}^{\text{norm}}=\{a_{ij}/d_j\}$。然后等式改写为：

$$S=\sum_{l=1}^{\infty}[A^{\text{norm}}]^l \tag{4.20}$$

通过上面的公式可得到节点之间的路径可达性水平，即资源扩散发生的可能性。具体实现时，首先获得评价矩阵 $A$，通过下面的公式（4.21）对其进行标准化：

$$P=D^{-1}A \tag{4.21}$$

此时矩阵 $P$ 是行标准化的，每行的和为 1，代表该行对应节点在一次迭代中分配到的资源比例。如果连接边有方向，则资源流向当前节点指向的节点。这样矩阵的乘积 $AP$ 中每一行表示一次扩散后，该节点处的资源经过他的直接邻居扩散出去后形成的状态，该矩阵中每个不为零的元素 $r_{ij}$ 代表第 $j$ 个元素从第 $i$ 个元素处总共获得的资源。注意到 $A$ 为邻接矩阵，对应假设为初始时数量为单位 1 的资源位于每个节点的直接邻居上。一次迭代之后，不仅直接邻居可获得资源，间接有连接的节点都可获得资源，只是数量被分散。以此时的资源分布状态为基础，继续进行迭代，即继续右乘矩阵 $P$，这时资源扩散结果可表示为：

$$R=AP^n \tag{4.22}$$

式中，$n$ 为可调的迭代次数；$R$ 为最后的结果矩阵，每一行代表了各节点与该行对应节点的相似性信息。对相应的行向量进行筛选，去掉推荐节点自身及直接邻居节点，剩余节点根据获得的资源量进行降序排序，得到的序列即可作为 top—N 推荐结果。

理论上可以通过一次运算同时得到对所有用户的推荐结果，但是因为矩阵方式在数据规模巨大时，运算和存储成本都非常大或者不可行，考虑到实际的需要，在应用实现中对此公式略作修改，仅以单个用户为目标用户，对其直接邻居分别赋予单位数量资源，计算其他用户由此获得的资源量，从而判断其他用户的相似程度。这样两个矩阵相乘，可以精简为矩阵和向量相乘，提高了效率。迭代过程的一个简单实例如图 4—5 所示。

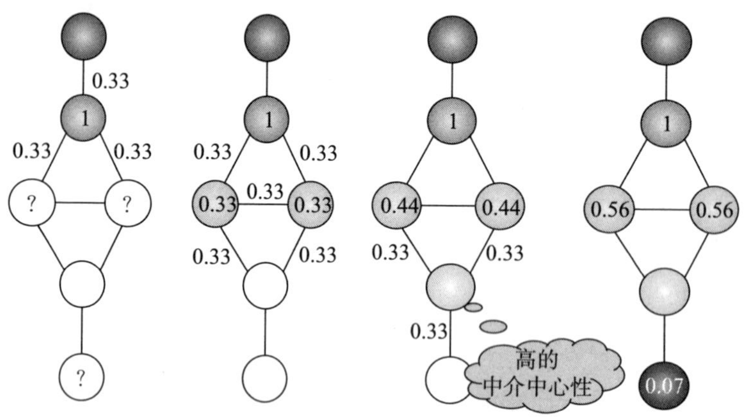


**图 4—5　迭代资源扩散过程示意**

算法实现过程伪码如算法 4.1 所示：

算法 4.1
输入：迭代次数 iters，待推荐的用户编号 uID，邻接矩阵 $A$
输出：frList 由高到低排序后的推荐列表

```
P=D^-1 A                          //Adjacent Matrix Normlization
friends=zeros (n, 1);
ind=find (A (uID,:) >0);          //Find direct friends
for i=1 : iters                    //Iteraed resource distribution process
   results=zeros (n, 1);
   friends (ind) =1;
   results=P' * friends;
   friends=results;
end
friends (cU) =0;
friends (ind) =0;                 //Delete target user and direct friends from list
frList=sort (friends)             //Get the recommendation list
```

### 4.3.4 2—模式网络扩展

上面分析了节点属于同一类别这种基本情况，对应于实际应用中用户—用户或项目—项目推荐。下面我们将扩展资源扩散算法的应用范围，将它应用于用户—项目构成的 2—模式网络。算法经过简单变形，即可应用于这种情形，实现将 2—模式网络拆分为两个单维度的加权网络。①

2—模式网络模型可以被视为推荐系统在网络视野中的投影。2—模式网络分析是处于发展中的网络研究的一个领域，近年来有越来越多的研究从理论上、技术上和应用上投入这一领域，虽尚未形成获得普遍认可的结论，但现有的研究成果，也为我们知识推荐系统的研究提供了很多启发。

通常 2—模式网络为矩形矩阵数据，矩阵的行代表用户，列代表项目对象。推荐系统的目标就是通过用户过去表现出的兴趣和需求状况，建立

① 本小节研究主要参考文献 Zhou T.，Ren J.，Medo，M.，Zhang，Y. C.，“How to Project a Bipartite Network?”，*Physical Review* E 76，046115，2007。

用户和资源对象之间的相互关联：通过资源找到兴趣相似用户，通过用户发现相关资源。为实现这一目标，通常的手段是将2—模式数据集转化为两个单维度数据集，然后分别分析。一个2—模式网络可以向两个维度上投影，在一个维度上的连接关系根据他们在另一个维度上的共同邻居确定。最简单的投影方式是不加权重，即忽略合作的频数，这种方式在投影过程中损失了原始网络中的大量信息。① 为了尽量减少投影中的信息损失，最直接的方法是，根据他们在另一维度上共同出现的频数设定连接权重（如图4—6所示）。这在某些情况下仍然存在偏差②，所以2—模式网络拆分处理中的一个关键问题是，通过权重设计尽量保留原有网络中的信息，但对此仍缺乏系统化的研究。

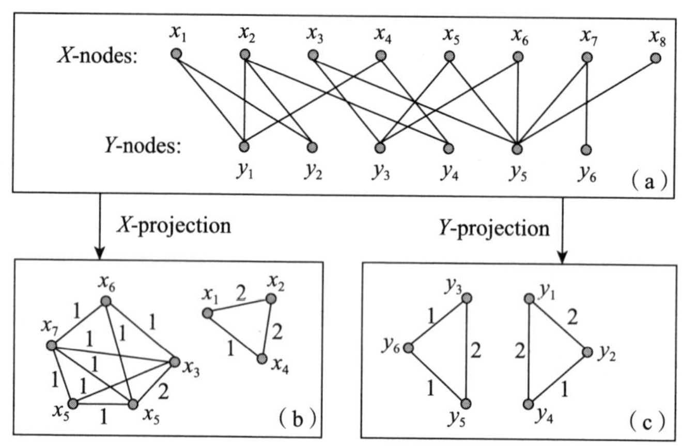


**图4—6　2—模式网络拆分**

我们可以扩展前一小节中讨论的资源扩散算法应用于2—模式网络拆

① Newman, M. E. J., "The Structure of Scientific Collaboration Networks", *Proc. Natl. Acad. Sci. U. S. A.* 98, 2001, 404-409.

② Li M., Fan Y., et al., "Weighted Networks of Scientific Communication: The Measurement and Topological Role of Weight", *Phys. A* 350, 2005, 643-656. Newman, M. E. J., "Coauthorship Networks and Patterns of Scientific Collaboration", *Proc. Natl. Acad. Sci. USA* 101, 2004, 5200-5205.

分，通过两步扩散的过程计算节点间的相似性。这种方法保留了更多的原始信息，克服了之前拆分算法中的一些问题。如图 4—7 所示。

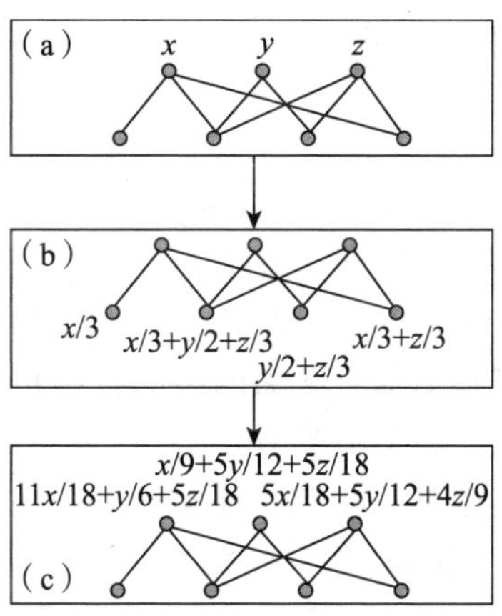


**图 4—7　2—模式网络上扩散**

一个 2—模式网络 $G$（$X$，$Y$，$E$），其中 $E$ 代表连接边的集合，$X$ 和 $Y$ 代表分属于两类的节点集，$x_1$，$x_2$，…，$x_n$ 与 $y_1$，$y_2$，…，$y_m$。假设目标是对 $X$ 类型节点的相似度进行测量（对 $Y$ 类型节点的测量完全类似），初始时具有资源的第 $i$ 个节点，表示为 $f(x_i)\geqslant 0$。第一步完成之后，所有资源从 $X$ 类型节点扩散至 $Y$ 类型节点，这时，第 $l$ 个 $Y$ 类型节点处的资源可以表示为：

$$f(y_l)=\sum_{i=1}^{n}\frac{a_{il}f(x_i)}{k(x_i)} \tag{4.23}$$

式中，$k$（$x_i$）为节点 $x_i$ 的度数；$a_{il}$ 为 $n\times m$ 的邻接矩阵中的元素。

接下来的一步是，所有的资源从 $Y$ 类型节点反向扩散至 $X$ 类型节点，这时节点 $x_i$ 处的资源可以表达为：

$$f'(x_i)=\sum_{l=1}^{m}\frac{a_{il}f(y_l)}{k(y_l)}=\sum_{l=1}^{m}\frac{a_{il}}{k(y_l)}\sum_{j=1}^{n}\frac{a_{jl}f(x_j)}{k(x_j)} \tag{4.24}$$

可以将式（4.24）分解表示为

$$f'(x_i) = \sum_{j=1}^{n} \omega_{ij} f(x_j) \tag{4.25}$$

$$\omega_{ij} = \frac{1}{k(x_j)} \sum_{l=1}^{m} \frac{a_{il} a_{jl}}{k(y_l)} \tag{4.26}$$

这时矩阵 $W = \{\omega_{ij}\}_{n \times n}$ 代表了原有2—模式网络拆分后在 $X$ 类型节点上的投影权重。这个权重是非对称的，$\omega_{ij}$ 在扩散算法中反映出节点 $j$ 将分配到节点 $i$ 处的资源比例，反映了在节点 $j$ 的立场上看节点 $i$ 的重要性。该数值可直接应用于推荐当中，假设对图书销售系统中形成的读者—图书购买网络进行拆分，得到图书—图书网络的投影矩阵 $W$，其中元素 $\omega_{ij}$ 反映了当已知一个读者已经购买了图书 $j$ 时，他购买图书 $i$ 的可能性。

上述算法通过矩阵运算，非常容易实现，以 Matlab 的脚本语言给出向矩阵列维度投影的权重矩阵计算方法，如下面算法4.2所示。仅需要邻接矩阵为输入，如果要生成向行维度投影的权重矩阵，仅需将输入转换为邻接矩阵的转置 $A'$。

算法4.2　2—模式网络投影权重矩阵
输入：邻接矩阵 $A$
输出：列维度上投影权重矩阵 WMatrix

```
ky=sum (A);
kx=sum (A');
idx=find (kx == 0); idy=find (ky == 0);
kx (idx) =1;
ky (idy) =1;
invkx=ones (1, size (A, 1)) ./kx;
invky=ones (1, size (A, 2)) ./ky;
invkx (idx) =0;
invky (idy) =0;
degx=diag (invkx);
degy=diag (invky);
WMatrix=A * degy * A' * degx;
```

由此可见将资源扩散思想扩展到2—模式网络应用中，通过在两个维度上分别进行投影，得到反映节点在两个单维度网络中相似性的矩阵。将此思想应用于知识传播支持系统中，用户对知识资源的评价信息构成了知识评价网络，根据此网络在两个维度上的投影，可以同时向用户推荐相似用户以及他可能感兴趣的资源列表。将相似度数值作为权重，利用协同过滤算法的基本思想，可以对用户的评价做出预测。这种方式克服了基于相关性和余弦夹角相似性方法中公共评价项目子集规模过小造成的计算偏差，因此在初始矩阵非常稀疏的情况下能够有比较好的表现，具体验证参见下一节的实验结果分析。

### 4.3.5 算法的社区发现功能

传统个性化推荐算法中一个比较困难的问题是，网络规模过大时运算量的问题。实际网络的巨大规模使某些理论上可行的运算实际中可能无法开展，或效率过低，无法满足应用的需求。为此，我们期望通过本节介绍的社区发现方法设定用户邻域范围，压缩原始数据。

社区（community）是与传播（communication）关系密切的一个概念，最早源于社会学领域，指拥有一些共性的一群人，他们之间存在相互作用。[①] 社区也是网络研究中的重要概念，指网络中彼此联系比较紧密的组成部分，社区内部节点间连接相对紧密，而社区之间相对稀疏，整个网络是由若干具有这种连接性质的社区构成。从网络的整体结构出发，探索其中的子结构，是对大规模数据分解的一种方式。探索信息网络中的社区结构促进了信息挖掘的开展，比如在探索类似于万维网尺寸的网络时，有效地将目标限定于其中一部分。[②] 因此，我们希望在推荐系统中应用社区发现技术，利用网络结构的局部特征来设定邻域范围。

对网络中社区结构的研究已经有很长的历史，它与计算机科学中的图形分割（graph partition）和社会学中的分级聚类（hierarchical clustering）有着

① A Group of People Who Interact and Share Certain Things as a Group，引自 Wikipedia. org。

② Tyler, J. R., Wilkinson, D. M., Huberman, B. A., "Email as Spectroscopy: Automated Discovery of Community Structure within Organizations", in *Proceedings of the International Conference on Communities and Technologies*, Netherlands: Kluwer Academic Publishers, 2003, 81 - 96.

密切的关系。[①] 主流的网络社区发现技术，主要集中于两类：一类是基于 Girvan 和 Newman 提出的 GN 算法，另一类是基于谱分析算法。

GN 算法源于传统的分层聚类思想，还可以细分为凝聚方法（agglomerative method）和分裂方法（divisive method）两类。GN 算法可以看做社会网络数据分裂方法的一种发展，它主要根据网络连接的中介度（betweenness），通过去边使网络子结构逐级分裂出来。[②] 连接边中介度体现了特定的边处于所有节点通路之间的程度，因此中介度高的边更有可能是社区和社区之间的连接。在一些具有先验社区结构知识的实例中，算法显示出很好的效果；但该算法有一个重要问题在于算法效率，计算所有连接边的中介度，系统开销非常大，特别是去除一条边之后，所有的数值均发生改变，需要重新计算，在规模较大的网络中，这种方法无法实施。

另一类是被称为"谱分析"（spectral analysis）的方法，算法思想最早源于计算机科学中的图分割问题。主要技术有：（1）Kernighan-Lin 算法，采用贪婪算法，根据社区内部和社区之间的连接数最优化的原则，对原始网络进行划分；（2）基于拉普拉斯图特征值的谱平分法（spectral bisection method），主要基于平分的迭代（iterative bisection）。文献[③]对谱分析算法作了重要改进。

社区发现技术至今仍在不断发展之中，不同背景的研究者从各自的领域背景出发提出新的方法，对原有的技术进行了引申和扩展。[④]

应用扩散方法获得的节点相似性矩阵，有助于发现网络中的社区结

---

① Garey, M. R., Johnson, D. S., *Computers and Intractability: A Guide to the Theory of NP2Completeness*, San Francisco: W. H. Freeman Publishers, 1979. Scott, J. P., *Social Network Analysis: A handbook*, second edition, London: Sage. 2000.

② Girvan, M., Newman M. E. J., "Community Structure in Social and Biological Networks", *Proc. Natl Acad*. 99, 2002, 7821-7826.

③ Capocci, A., Servedio, V. D. P., Caldarelli, G., Colaiori, F., "Detecting Communities in Large Networks", *Physica A* 352, 2005, 669-676.

④ Zakharov, P., "Thermodynamic Approach for Community Discovering within the Complex Networks: LiveJournal study", *Physica A* 5, 2007, 550-560. Rosvall, M., Bergstrom, C. T., "Maps of Information Flow Reveal Community Structure In Complex Networks", *arXiv physics.soc-ph*/0707.0609*v*1, 2007. Arenas, A., Fernandezl, A., Fortunato, S., Gomez, S., "Motif-based Communities in Complex Networks", *arXiv*: 0710.0059*v*1, 2007.

构。在网络上运行随机扩散过程，模拟资源在网络中节点间传递，通路越多的节点对拥有的资源量越接近，据此相似性进行聚类，可以发现网络中的社区结构信息。下面将此方法得到的分析结果与传统方法进行对比。在经典的实验数据集“空手道俱乐部”和“美国高校橄榄球联赛球队”上，对算法进行实验，结果反映出这种方法的准确度结果要优于此前主流的GN算法和谱分析算法。

分别采用矩阵图和山形图[①]，对划分结果进行可视化展示（如图4—8

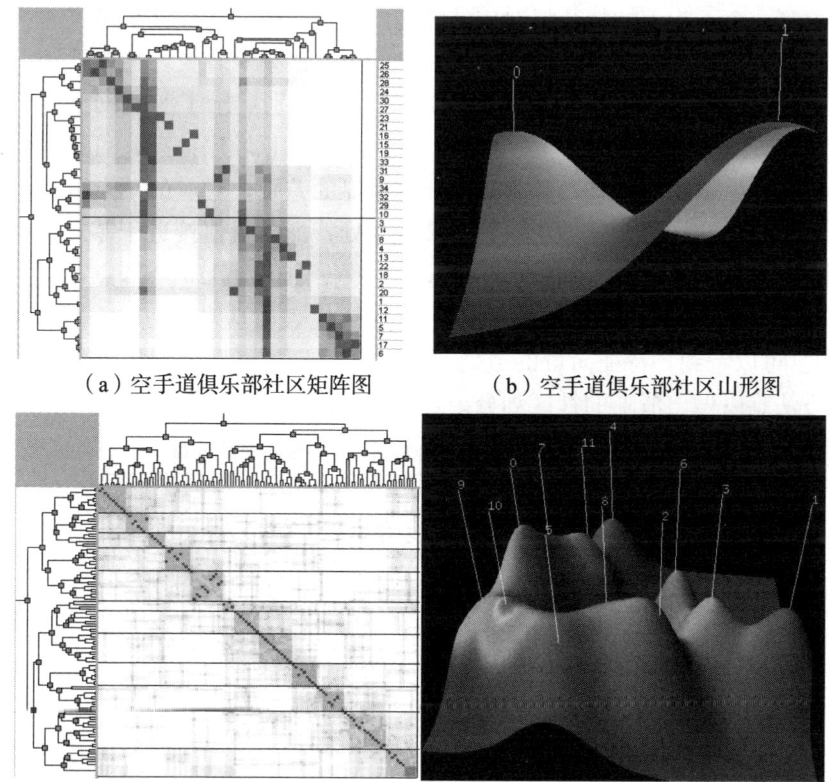

（a）空手道俱乐部社区矩阵图　（b）空手道俱乐部社区山形图

（c）美国高校橄榄球联赛球队社区矩阵图　（d）美国高校橄榄球联赛球队社区山形图

**图4—8　扩散法社区发现实例分析结果**

① 通过软件cluto（http：//glaros.dtc.umn.edu/gkhome/views/cluto）实现聚类结果可视化。

所示)。从中可以看出通过扩散过程，矩阵中非零元素比例得到了很大的扩充，克服了初始矩阵的“稀疏性”问题。扩散结果的数值对应矩阵图方格中颜色的加深以及山形图的颜色和高度水平，反映了节点之间联系的密切程度。通过对矩阵进行行列变换，使得相似的节点聚集在一起，矩阵形成类似“对角”形状，这在“美国高校橄榄球联赛球队”这一数据中体现得更明显，而且从山形图来看，扩散的方法比较准确地发现了整体中的局部结构——社区。

对比拉普拉斯变换后的谱分析方法，对变换后的邻接矩阵进行分析，选取第一个不为 1 的特征根对应的特征向量，属于同一社区的节点对应的特征向量值比较接近，不同社区中节点的对应值差距较大，通常取值分列正负半轴两侧。图 4—9（a）和图 4—9（b）分别展示了实例网络特征向量分布。“空手道俱乐部”数据中横轴按照节点 ID 顺序排列，可以看到数值分布在纵轴正负半轴两侧，具有比较明显的差别，对应的节点分属于不同的社区子结构中。该方法只是在节点 3 处特征向量值接近于零，发生了错误判断。“美国高校橄榄球联赛球队”数据中包含 115 个节点，按照特征向量大小排序后绘制分布图，横轴依然代表对应节点 ID（非顺序排列）。可以看到，特征向量的数值呈连续变化，难以区分出区域差异，据此方法难以做出清晰的社区划分。

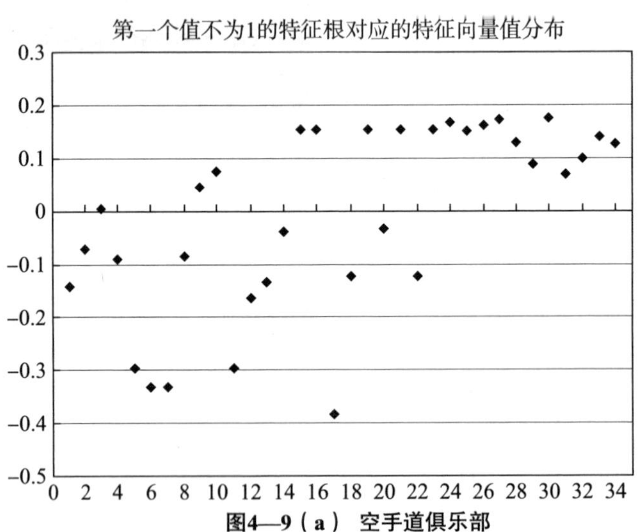

**图4—9（a） 空手道俱乐部**

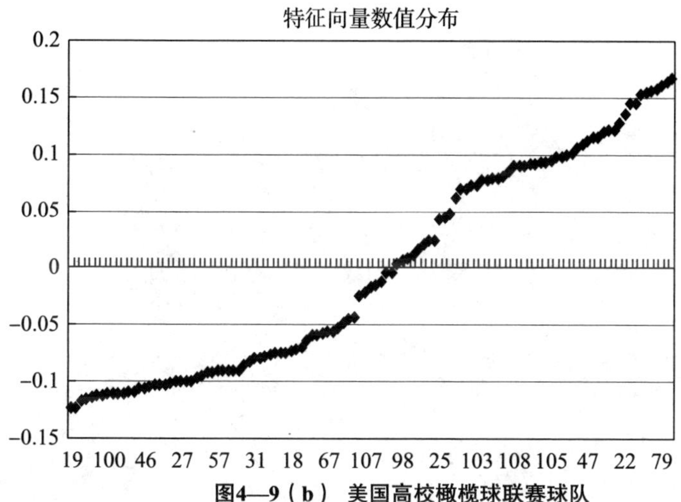


图4—9（b） 美国高校橄榄球联赛球队

**图 4—9 谱分析法社区发现实例分析结果**

应用 GN 社区划分方法，在“空手道俱乐部”数据中，对节点 3 出现了错误判断，在“美国高校橄榄球联赛球队”数据中有 16 个参赛队伍的社区划分出现了错误。结果的可视化如图 4—10（a）和图 4—10（b）所示。

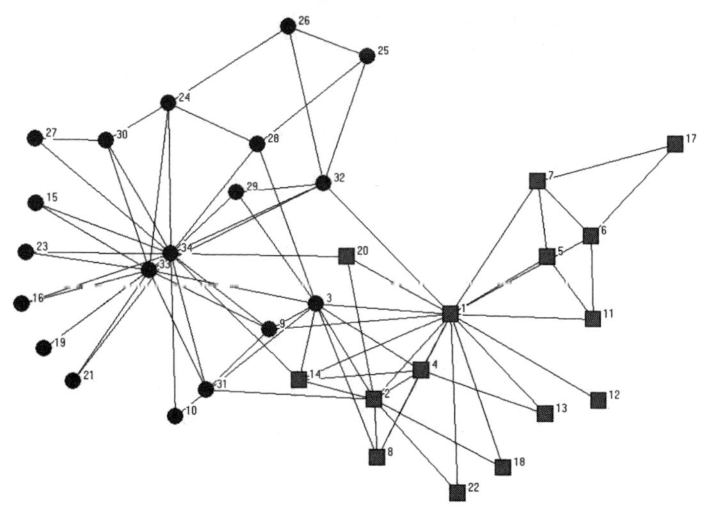


图4—10（a） 空手道俱乐部

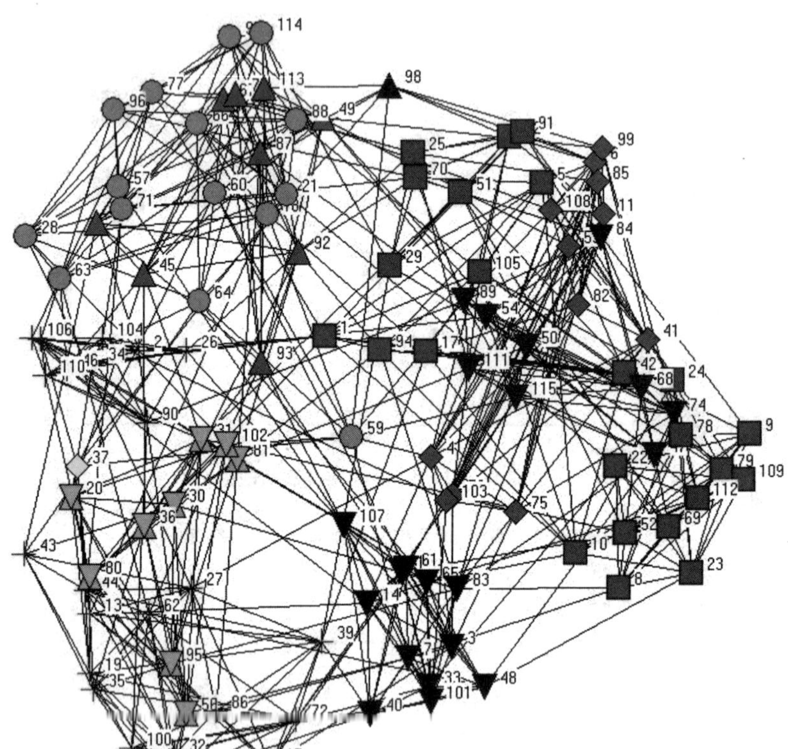


**图4—10（b） 美国高校橄榄球联赛球队**

**图 4—10 GN 算法社区发现实例分析结果**

我们提议的资源扩散算法，对两组数据都给出了明确的划分结果，矩阵图和山形图的显示反映出了数据的结构特征。而且对于“空手道俱乐部”数据的划分与真实数据完全一致，而对于“美国高校橄榄球联赛球队”数据的划分总共有 10 处错误判断，且判断错误的节点间局部结构性得到发现，只是在更高层次的社区归属中发生误判，总的结果优于上述两种方法。

## 4.4 实验分析

### 4.4.1 测试实验数据

为了对算法进行比较评价，需要针对不同数据开展测试实验。由于真实系统中用户的兴趣通常并非显式表达的，只能从其应用行为记录中挖掘。在这种条件下，实际推荐效果不仅依赖于推荐算法对相似性的判断，可能还依赖于系统对用户信息的挖掘能力等多种因素，难以进行单纯的效果评判。特别是单维度二分网络中，连接关系仅以“存在”或者“不存在”二值进行标记，而相应的连接状态可能代表多重含义，比如“不存在”连接关系可能意味着相应节点对的兴趣不同，选择不建立连接，还可能仅仅是因为没有意识到对方存在。这种二义性使得此种应用环境中的算法验证评价可能带有一定偏差。因此，对这种应用的检验，虚拟数据集构建显得尤为重要。虚拟数据集可控性比较强，可以在节点的内源属性与外源属性上进行设计控制，进而有针对性地测试算法的效果。我们同时引用了虚拟数据集和实际应用系统中的数据资料，以对算法进行全方位验证。

在介绍具体实验设计和结果分析之前，本小节先介绍 5 个相关的虚拟数据模型和应用数据库，之后的两小节再根据应用网络形式分别介绍在单维度网络和 2—模式网络中实验的过程和结果。

1. 层次模型网络

在许多社会网络中，个体之间遵循一些可被感知的特征相似性来建立连接，比如年龄、收入等，这种网络我们可以称之为分层次的（stratified）。层次模型网络（stratified model network，SMN）提供了一个可控的结构，因为我们事先知道节点相似性的“正确答案”。层次模型网络非常适合验证相似性算法，理想地，在一个给定的网络中，算法应能够仅通过结构相似信息，识别出在内涵意义上（比如年龄、兴趣等）相似的节点对，即使这些节点对不是直接相连的。在我们的网络模型中，设定节点数量 $n=1\ 000$，每个节点被赋予从 0 到 9 的“年龄”，连接边根据概率 $p$ 被创建：

$$p(\Delta t) = p_0 e^{-\alpha \Delta t} \tag{4.27}$$

式中，$\Delta t$ 为节点对之间的年龄差距；$p_0$ 和 $\alpha$ 均为约束变量，在我们的计算中，取 $p_0=0.12$ 并且 $\alpha=2.0$。因此，两个个体之间“结识”的可能性是依 $e^2$ 递减的。此网络中的连接关系严格遵照相似性原理，而且年龄相似性是连接产生的唯一决定因素，所以通过这个网络可以判断，在理想的条件下，算法是否能依据节点的结构信息准确推断出属性相似度。

2. 社会网络模型

此模型是基于文献①中提出的一个社会网络模型（social networks model，SNM）。这个模型包含以下几方面特征：

（1）个体在社会网络中不仅拥有网络连接（tie），而且具有特定身份(identities)：通过参与不同的社会群体（social groups），区别于其他人的个性集合（sets of characteristics）。

（2）个体将世界等级地分解或者聚集成一系列层次（layer），其中，顶层代表整个世界，下面每个层次表示一种认知划分（cognitive division），这种划分就是更多的不断增长的特定群体（specific groups）。原则上来说，划分可以细化到个体，将每个个体视为唯一包含自己的群体。实际上，在某种水平上停止细分，相应的群体大小（group size）$g$ 根据认知可管理水平决定。一个群体大小上界为 $g\approx100$ 比较合理。② 两个个体 $i$ 和 $j$ 的相似度 $x_{ij}$ 定义为他们最低的共同祖先级别的高度，如果是同一个群体，那么它就为 1。这个层级的深度（depth）为 $l$，而分支个数（branch ratio）为 $b$。

社会网络层次模型可参见图 4—11，其中个体（点）属于群体（椭圆），群体又属于不同的群体，形成了一个层级的分类模式。图中的群体由 $g=6$ 的个体组成，层级有 $l=4$ 个级别，分支个数 $b=2$，个体 $i$ 和 $j$ 的相似度 $x_{ij}=3$。这个层级只是一个为了量度社会距离的纯认知结构，而不

① Watts，D. J.，Dodds，P. S.，Newman，M. E. J.，“Identity and Search in Social Networks”，*Science* 296（5571），2002，1302－1305.

② Simmel，G.，“The Number of Members as Determining the Sociological Form of the Group. I. ”，*American Journal of Sociology* 8，1902，1－46.

是实际网络，真实的社会网络连接依此创建。

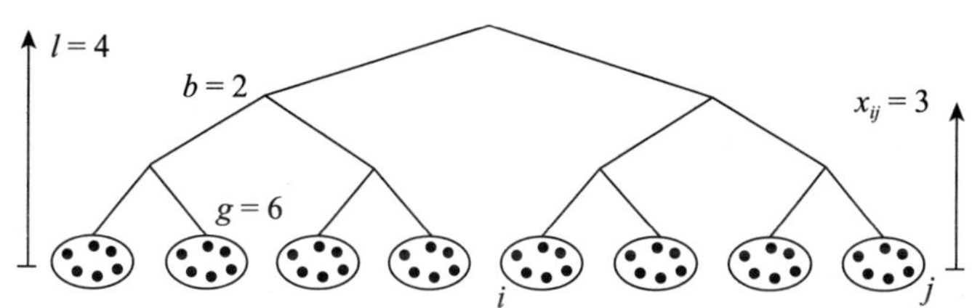


图 4—11　社会网络模型的层次

（3）个体按多种方式分层次地聚集成社会。我们假定这些分类是相互独立的，从这种意义上讲，在某一个层级上邻近并不暗示着在另一个层级上邻近。在这个模型中，用不同的社会维度表示相互独立的层级。因此，一个个体的身份就可以定义为具有 $H$—维坐标的向量 $\vec{v}_i$，其中 $v_i^h$ 表示节点 $i$ 在第 $h$ 个维度中的位置，一个个体结识朋友的数量为 $z$，并且 $z<g$。初始时，随机地将个体分配到特定群体中。

完整的社会网络模型参见图 4—12，图中 $h=2$ 时，$y_{ij}=1$。满足三角不等式（triangle inequality）：$y_{ik}=4>y_{ij}+y_{jk}=2$。

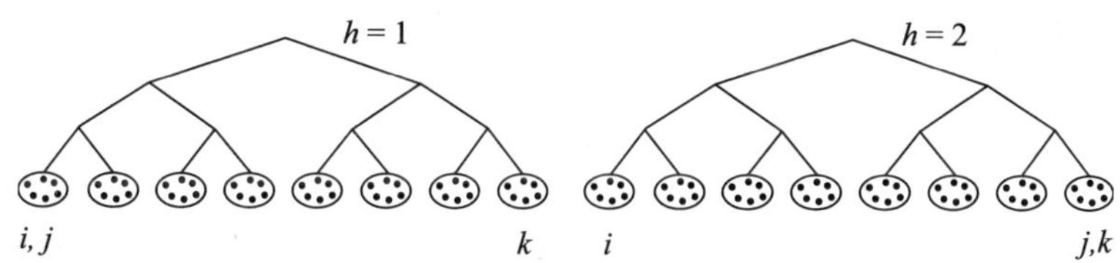


图 4—12　完整的社会网络模型

（4）社会距离（social distance）$y_{ij}$，定义为两个个体 $i$ 和 $j$ 在所有维度上最小的相似度，即 $y_{ij}=\min_h x_{ij}^h$。两个体 $i$ 和 $j$ “结识”的概率与社会距离相关，可以表示为：

$$p(y) = ce^{-\alpha y} \tag{4.28}$$

该社会网络数据集的生成算法参见算法 4.3：

算法 4.3　社会网络虚拟数据集生成算法

输 入：social structure branch：hBranch；depth：level；group members limit：groupMemsize

输出：adjacent matrix of social network

```
// Calculate the number of groups in hierarchy
groupSize=hBranch ^ (level - 1) ;
nodeSize=groupSize * groupMemSize;
// Initialize all nodes with id and groupId
for each node
    nodes [i] =new Node (i, hierarchyNum);
end
for each pair of nodes (i, j)
  //calculate social distance deltaT
  deltaT=getSocialDistance (nodes [i], nodes [j]);
  //Create links according to deltaT, set adjacent matrix
  if (random _ number <= deltaT)
    adjacentMatrix (i, j) =1;
end
return adjacentMatrix
```

3. 动态人际传播网络

上一章中介绍的动态传播网络模型，也为算法测试提供了实验平台。在模型中，随着时间的推移，主体依照规则发生相互作用，整体结构因此逐步演化。我们采用动态模型中不同时间点的连接关系验证算法，这种动态机制比单纯的训练集、测试集划分更符合实际，真实系统中的推荐决策也是按时序进行，而非在一个固定时点开展的。同时，动态人际传播网络模型中有许多可调节参数，可针对不同应用环境设定实验条件。具体数据生成机制在上一章中有详细介绍，此处不再重复。

4. LiveJournal 用户友情连接数据库

综合考虑应用背景和数据条件，选择在线 Blog 社区 Live Jouroal 中的用户友情连接关系作为单维度网络验证数据实例。[①] 在第 2 章的分析中我们看到，友情联系与知识咨询关系紧密相关，是知识传播的重要基础。要以信息技术支持知识传播，首先应当能促进虚拟社区中友情联系的建立，特别是根据兴趣发展的线上联系（online relation），这将使用户以共同兴趣为基础，发现“志同道合”的朋友，进而促进知识传播活动的开展。

LiveJournal 是 Web2.0 时代在线社区的一个典型代表，它具有开放性特点，提供其用户数据摘要的 API，使我们能够获得其用户数据并进行分析。用户数据规模大、连接稀疏的典型特征，正是算法验证的理想条件。

收集到的数据分为两个层次：一个有限数量自我中心社会网络的数据样本，用来验证算法效果和效率；另外，一个更大规模的、包含了 2006 年初全体活跃用户的数据库，用来验证算法在大规模稀疏性数据条件下的效果。

第一个层次的数据获取包括两方面信息：以一个用户为中心的所有朋友构成的自我中心网络（egocentric network），以及能反映用户社会身份（social identity）的数据。在 LiveJournal 中能够反映社会身份的数据包括群组信息和兴趣，由于群组信息没有开放的 API，因此我们以用户兴趣作为其社会身份的反映。验证算法的思路是：根据社会学中的同态性（homophily）理论，社会身份相似的人更容易发生传播，即更容易产生连接。推荐算法仅从现有友情连接的结构相似性出发做出预测，推荐的朋友在多大程度上符合同态性规律，可作为推荐算法有效性的衡量。所以我们比较推荐列表中的用户，即与当前用户结构上最相似的节点，在多大程度上兴趣也相似。在此基础上，对几种算法进行横向比较，同时考虑了几种算法的效率。

LiveJournal 获得朋友列表和兴趣列表的 URL 如下：

http：//www. livejournal. com/misc/fdata. bml? user＝username，

http：//www. livejournal. com/misc/interestdata. bml?&user＝username。

自我中心网络是通过对网络数据的广度优先遍历获得，整个过程是迭代进行的。例如，以 LeonGoo 为中心，先获得其朋友 nihongochica、candeeheart、chenyaoming，此时深度为 1；然后分别获得 nihongochica、

① 该数据库参见 http：//www. livejournal. com。

candeeheart、chenyaoming 的朋友，这些朋友相对 LeonGoo 来说是朋友的朋友，深度为 2，依此类推。数据获取流程如图 4—13 所示：

**图 4—13　LiveJournal 网站数据获取流程**

将获得的数据处理后存入两类文本文件：一类用来保存朋友列表，另一类保存其兴趣列表。下面的表 4—2 表示了以用户 Lina 为中心的社会网络，表 4—3 为其兴趣列表文件，对应的社会网络结构参见图 4—14。

**表 4—2　　朋友列表文件格式**

| User | Friend list |
| --- | --- |
| Lina | Lisa Peter Bob |
| Peter | John Lina Mary |
| Bob | Lina |
| Lisa | John Lina |
| ⋮ | ⋮ |

**表 4—3　　兴趣列表文件格式**

| User | Interest list |
| --- | --- |
| Lina | I1，I2 |
| Bob | I2，I3 |
| Lisa | |
| ⋮ | ⋮ |

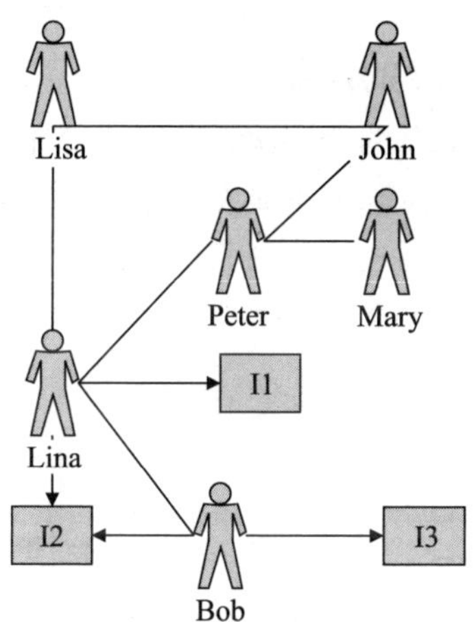


**图 4—14 自我中心社会网络数据图示**

第二个层次的大规模用户数据是 2006 年 1 月左右从 LiveJournal 网站上获得的，当时根据该网站官方统计共拥有活跃用户 $2.0\times10^6$，爬行程序从两个用户出发跟随其有向友情连接，逐级获得所有邻居，收集过程持续了 14 天，共获得 3 746 263 条用户友情连接信息。①

5. MovieLens 电影评分数据库

我们采用 MovieLens 站点提供的测试数据集②，作为验证基于 2—模式网络推荐效果的实例数据。MovieLens 是一个基于 Web 的研究型推荐系统，能够记录用户对电影的评分并提供相应的电影推荐列表。该站点的用户已经超过 43 000 人，用户评分的电影超过 3 500 部。此数据库已经发展为个性化推荐算法验证比较的专业数据库，选用此数据库便于将结果进行横向比较。综合考虑实验条件和效率要求，此处选用包含 100 000 条评分记录的实验数据集，数据集中涉及 943 个用户和 1 682 部

① Zakharov，P.，"Thermodynamic Approach for Community Discovering within the Complex Networks：LiveJournal Study"，*Physica A* 5，2007，550－560.

② 该数据库参见 http：//movielens. umn. edu。

电影，其中每个用户至少对 20 部电影进行了评分。

### 4.4.2 基于单维度的网络实验

在这一小节中，我们分两个层次设计实验验证算法。首先通过对比算法得到的节点结构相似信息与节点属性信息之间的联系，判断推荐算法的效果和效率。另一方面，通过推荐列表中连接关系实际发生的比率，比较算法的准确度。实验框架如图 4—15 所示：

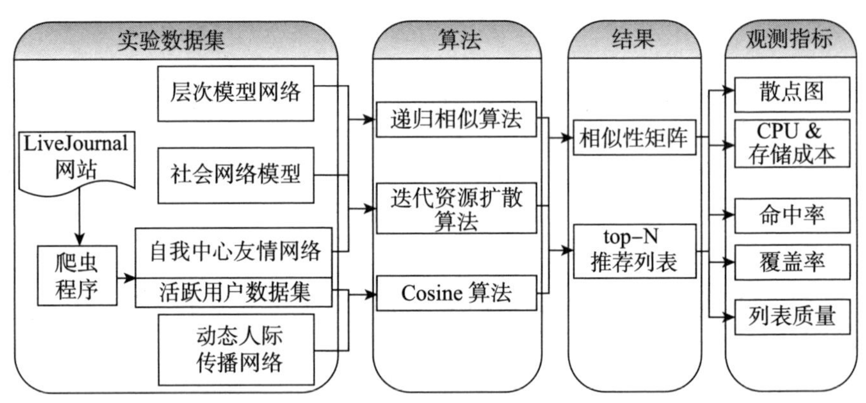


**图 4—15 单维度网络算法验证实验框架设计**

结构相似与属性相似的关联，主要通过可设定的层次模型网络、社会网络模型和 LiveJournal 中挖掘到的自我中心友情网络来进行验证，对比了递归相似算法和我们提议的迭代资源扩散算法的效果和效率。

1. 层次模型网络

层次模型实现中，我们取 $p_0=0.12$ 并且 $\alpha=2.0$。推荐结果表示为散点图（scatter graph），如图 4—16 所示，这组图代表网络模型中所有没有直接连接节点对的相似度分布。

散点图的横轴代表节点对的年龄差距，纵轴表示节点对的相似度对数值。将纵轴值取对数是为了更直观地观察数据之间的关系。我们知道，在层次模型中，节点对之间是以概率 $p(\Delta t)=p_0e^{-\alpha\Delta t}$ 建立连接边，那么节点之间的相似度也应该服从这个概率分布。我们将这个式子左右两边同时取对数，可以得到：

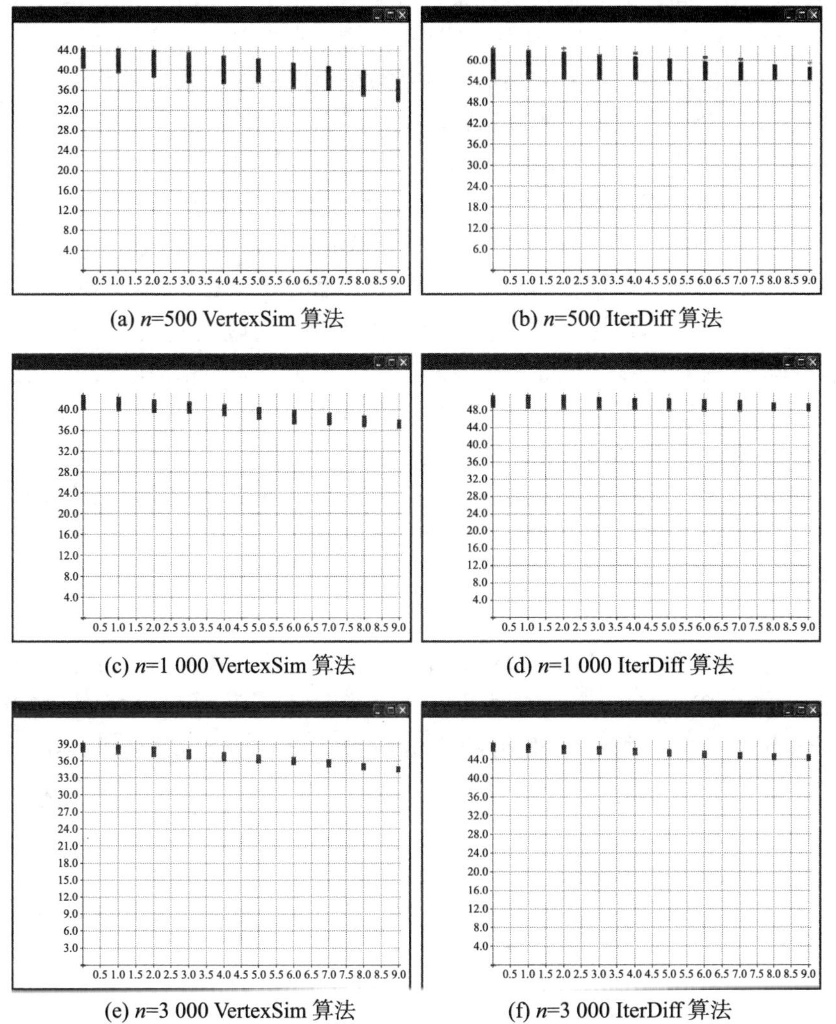


(a) $n$=500 VertexSim 算法　　(b) $n$=500 IterDiff 算法

(c) $n$=1 000 VertexSim 算法　　(d) $n$=1 000 IterDiff 算法

(e) $n$=3 000 VertexSim 算法　　(f) $n$=3 000 IterDiff 算法

**图 4—16　节点对相似度与年龄差距分布散点图**

$$y=\ln p(\Delta t)=\ln(p_0 e^{-\alpha\Delta t})=\ln p_0+\ln e^{-\alpha\Delta t}=b-\alpha\Delta t \quad (4.29)$$

式中，$\Delta t$ 为节点对之间的年龄差距。这样我们就将指数函数转化为线性函数，数据之间的关系很容易观察。散点图显示无论是递归相似算法（以VertexSim标识）还是基于网络的迭代资源扩散算法（以IterDiff标识），节点对之间的差距（$\Delta t$）和相似度的对数呈负向线性关系，说明两个年龄差距越小的个体，相似度越高，推荐度也越高。

从上面图4—16所示的一组图中，我们可以看出：

纵向比较，对两种算法来说，网络规模越大（节点数越大，从$n=500$到$n=3\ 000$），相似度数值越收敛，即推荐算法的精确程度会随用户规模扩大而提高。根据我们实验中不同规模数据的测试，对于VertexSim算法，网络中个体数在1 000以上时，相似度数值收敛到长度2～4的规模，同时，邻接落差（比如$\Delta t=0$和$\Delta t=1$分别对应的相似度数值）比较明显，这时区分度比较高。对于IterDiff算法，个体数在3 000左右时，数值收敛程度明显，区分度比较理想。

横向比较，对于相同规模的数据，VertexSim算法比IterDiff算法收敛速度快，收敛区间小，数据区分度大。从这一点上讲，VertexSim算法更优越。

2. 社会网络模型

社会网络模型的具体参数设置如下：该社会网络具有2个维度（hierarchy，$H=2$），每个维度的层级为6（level，$l=6$），每一层的分支为3（branch，$b=3$），每一个群组的成员数量为20（group members，$g=20$）。那么总的组数为$gsize=b^{l-1}$，$gsize=3^{6-1}=243$，从而网络规模为$nodes=g\times gsize=4\ 860$。两个个体之间"结识"的概率与其社会距离关系公式（4.28）中的参数：$c=1$并且$\alpha=2.0$。

我们得到如图4—17所示的散点图，类似地，横轴代表节点对的社会距离，纵轴表示节点对相似度的对数值。

此模型也得到了与分层模型一致的结论：社会距离愈近，相似度愈高，成为朋友的可能性愈大，并且收敛程度令人满意。

对于两种算法，由前面的讨论可知，从收敛速度和区分度来讲，VertexSim算法要优于IterDiff算法。下面在介绍基于LiveJournal数据集的实验之前，先对算法的效率作一个比较。这里我们从两个方面讨论算法的效率：最大内存占有（空间）和CPU占有（时间）。实验运行环境CPU

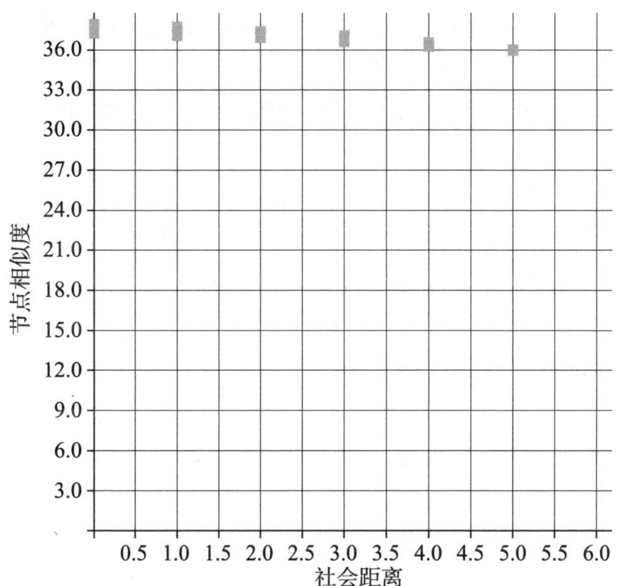


**图 4—17　递归相似算法测试结果**

为 Intel Pentium M 1.70GHz，内存为 1GB 593MHz。并且两种算法的迭代次数均是 100 次。效率比较的结果如表 4—4 所示。

**表 4—4　VertexSim 算法和 IterDiff 算法效率比较**

| | | VertexSim 算法 | IterDiff 算法 |
|---|---|---|---|
| $n$=500 | 最大内存 | 8.021 224 M | 4.005 016 M |
| | CPU 占有 | 4 266 ms | 3 165 ms |
| $n$=1 000 | 最大内存 | 32.048 672 M | 16.005 016 M |
| | CPU 占有 | 24 986 ms | 21 781 ms |
| $n$=2 000 | 最大内存 | 94.56 024 M | 64.001 272 M |
| | CPU 占有 | 154 983 ms | 140 342 ms |
| $n$=3 000 | 最大内存 | 215.204 928 M | 144.005 016 M |
| | CPU 占有 | 484 337 ms | 453 982 ms |
| $n$=5 000 | 最大内存 | 598.039 332 M | 400.005 016 M |
| | CPU 占有 | 3 668 235 ms | 3 238 960 ms |

从表 4—4 可以看出，IterDiff 与 VertexSim 相比，计算代价更小，效率更高，无论从内存还是 CPU 占用来看，均比较低。当 $n$ 较小（$n\leqslant$ 3 000)时，这种差别不是很明显，当 $n$ 较大（$n\geqslant$5 000）时，IterDiff 的消耗明显更低。

综合来看：当 $n$ 较小（$n\leqslant$3 000）时，VertexSim 收敛快，区分度高，资源占用适度；当 $n$ 较大（$n\geqslant$5 000）时，IterDiff 的收敛速度比较快，资源占用小。因此，小数据量适合用 VertexSim 算法，而大数据量适合用 IterDiff 算法。

3. LiveJournal 自我中心社会网络

前面介绍的实验基于数据模型生成的测试数据，为了提高针对性，其中控制了数据属性特征的维度。为了验证算法在真实系统中的有用性，我们进一步在 LiveJournal 数据集上验证推荐效果：判断目标用户与推荐用户之间是否具有高度的兴趣相关，从而可能成为其建立友情连接的对象。

通过前面的网络结构分析，可以看到对于 LiveJournal 社区中友情连接构成的社会网络，当挖掘深度 $l=6$ 时我们基本能够获得全网的结构。在自我中心社会网络的验证实验中，以用户 rucecolab 为起点，进行 $l=3$ 的数据爬取，网络规模接近于 6 000 节点。

验证思路是基于兴趣相似度，被推荐人与推荐列表中用户的兴趣相似度越大，则认为推荐算法越有效。对于兴趣的相似度计算，我们采用由 Nuno Seco 提供的、基于 WordNet 信息内容量度方式计算语义相似性。① 将用户的 tag 列表视为标识其兴趣的向量，具体来讲，设 rucecolab 拥有 $k$ 种兴趣，其 tag 列表为 $I(i_1, i_2, \cdots, i_k)$，被推荐人有 $h$ 种兴趣，列表为 $R(r_1, r_2, \cdots, r_h)$。我们通过下式计算其兴趣相似度 $Is$：

$$Is = \frac{\sum_{j=1}^{k} \max_{i=1}^{h}(IntSim(i_j, r_i))}{k} \tag{4.30}$$

① Seco, N., Veale T., Hayes J., "An Intrinsic Information Content Metric for Semantic Similarity in WordNet", in *the Proceedings of ECAI'2004*, *the 16th European Conference on Artificial Intelligence*, Valencia, Spain, 2004.

式中，$IntSim(i_j, r_i)$ 为 $I$ 中的第 $j$ 个兴趣与 $R$ 中的第 $i$ 个兴趣的相似度。

由此，我们计算得到 rucecolab 的 top—10 List 兴趣相似度列表如表 4—5 所示：

**表 4—5　　top—10 兴趣相似度**

| top—10 | 节点名称 | 兴趣相似度 |
|---|---|---|
| 1 | lovemagnet | 0.75 324 |
| 2 | pinkland _ faerie | 0.63 111 |
| 3 | xoxoerika | 0.67 823 |
| 4 | spirits | 0.43 281 |
| 5 | absolutemodel | 0.60 213 |
| 6 | lovemagnet | 0.52 847 |
| 7 | twiggedout | 0.51 039 |
| 8 | pinkland | 0.57 829 |
| 9 | leyslie | 0.45 684 |
| 10 | gonebad13 | 0.55 332 |

总体来看，推荐序列前 10 位用户与目标用户的兴趣相似度比较高，推荐度和兴趣相似度是一致变化的，排位靠前的用户相似度相对更高一些。但推荐次序与兴趣相似度也并非完全一致，考虑到兴趣相似度还有很多上述公式未能涵盖的维度，比如地域、年龄和性别等，可能是造成上述不一致的原因，此方面的解释还有待进一步研究。

4. LiveJournal 整体数据集

为了检验提议的迭代资源扩散算法在稀疏、大规模矩阵条件下的有效性，采用 LiveJournal 整体数据集进行算法对比验证。根据应用环境的不同，我们的推荐系统目标是为提出请求的用户提供一个排序推荐列表，以显示该用户可能有兴趣建立友情连接的其他用户。友情网络中连接关系存在二义性，两个节点之间不存在连接边，有可能是因为两个节点不存在互相吸引，也可能只是因为两个节点没有机会相遇，他们很可能会在接触后建立连接，推荐系统的作用也正是希望促进加快这个过程，从而提高系统效率和效用。但这种二义性使得在进行算法评价时，适用于评分预测结果检验的指标（比如前面介绍的 MAE 等指标）将不再适用。

我们通过两种更容易实现且易于解释的指标，评判推荐列表的效果。评价指标被称为命中率（hitting rate）和列表质量（list quality）。“命中率”通过测试集中的连接关系出现于推荐列表 top—N 中的比例来计算，可根据实际系统对算法精确度的需求，设定参数 $N$。该指标具体计算公式如下：

$$\text{Hitting Rate}=\frac{n_{\text{test}\cap\text{top—N}}}{N_{\text{test}}} \tag{4.31}$$

“列表质量”的主要思想是：有效的推荐列表中，测试集对应用户的排序位置应当比较小。我们设计一个指标，推荐列表最优时，该指标取得最大值 1；最差情况，该指标取最小值为 0；其他情况该指标取值为 0～1 之间的数值，越接近于 1，反映推荐列表的效果越接近于理想的水平。该指标的表达式如下：

$$\text{List Quality}=\frac{\text{TestSetNo}*\text{NodeNo}-\sum\text{TestSetOrder}}{\text{TestSetNo}*\text{NodeNo}-\text{TestSetNo}} \tag{4.32}$$

还应注意的是，出现在列表中而未出现在测试集中的数据，不一定是不正确的，所以上述方法依然有可能存在低估。尽管如此，该指标为我们做出比较判断，提供了一种简便的方法。现行方法中 Cosine 方法是处理非常稀疏的数据时比较普遍的方法，因此为了验证提议算法的效果，我们以公式（4.3）所示的 Cosine 方法作为对照算法。另外，以随机选择的推荐结果作为对比基准。

为了处理方便和不失一般性，取 10 000 个节点构成的子集，其中包括连接关系记录 176 979 条，即该网络密度大约为 0.17%。将所有的友情连接关系记录划分为两个部分，一部分作为训练集，用来计算推荐列表，剩余部分作为测试集。对数据集随机划分出不同比例的训练集和测试集，并对每个比例水平重复 10 次划分，结果取平均值。图 4—18 显示了实验结果。

图 4—18 中，横坐标为训练集密度，训练集设定的比例增大，其中包含的连接关系越多，训练集密度随之增大。纵坐标即为评价指标命中率数值，这里选用的推荐列表是 top—20。在图 4—18（a）中，最右端的一点表示，随机选取 10 000 条连接记录作为测试集，剩余的 166 979 条记录作

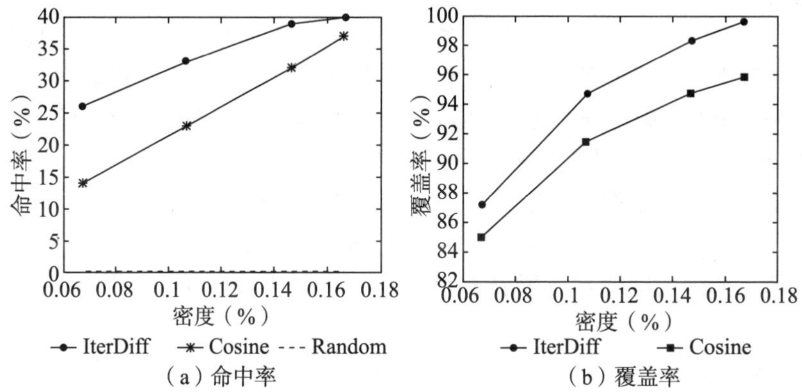


**图 4—18　推荐算法对比验证结果**

为训练集，即训练集密度约为 0.16%，应用我们提议的 IterDiff 算法测试集中的连接关系出现在推荐列表前 20 位的比例，约为 40%，在应用 Cosine 法时约为 37%。最左端的数据点表示，在数据密度大约为 0.06%的水平，Cosine 算法 top—20 的命中率约为 14%，而 IterDiff 算法的命中率大约高出一倍，达到 26%。或许从绝对数值上来看，范围在 10%～50%的命中率水平并不显得十分突出，为了加深对此评价指标的理解，让我们对比考虑不借助任何算法完全根据随机选择进行推荐的情况。这时，用户将面对整个系统中所有直接邻居以外的其他用户集，大概为 $10^5$，在相应的随机查询方式下，能够准确推荐的概率为 $10^{-5}$，即使考虑社会网络的结构性，仅从他的 2 级邻居范围内选择，根据 LiveJournal 数据集的特点，平均 2 级邻居数量为 1 780，这样随机选择的准确度接近 $10^{-3}$，图中通过虚线表示，是一条非常接近于横坐标轴的水平线（参见图 4—18 (a)）。

从比较结果来看，推荐算法为连接对象选择提供了有效支持，准确度远远优于随机选择的水平。随着训练集密度增大，两种算法表现均有所提高。在各密度水平上我们提议的迭代资源扩散算法表现都优于传统的 Cosine 方法。特别是在密度水平比较低的条件下，迭代扩散算法的优势更明显。即使在训练集密度不足 0.1%的条件下，推荐列表中 25%以上用户被证实确实是目标用户的朋友。因此，在原始数据非常稀疏的条件下，应特别考虑选用迭代扩散算法进行推荐。

再来看另外一种指标：覆盖率。该指标直接反映了算法在原始数据缺乏的情况下做出推荐的能力，与上述命中率指标互为补充，覆盖率也是我们解决稀疏数据环境的问题时必须要考虑的因素。如图 4—18（b）所示，同样与 Cosine 算法对比，从图中可以看出，两种方法在覆盖率指标上表现都比较优秀，数据集密度在 0.1%左右时，两种算法推荐实现的覆盖率均在 80%以上；在各个密度水平上我们提议的算法均明显优于 Cosine 算法，覆盖率随密度增加的增长趋势也更明显，在密度为 0.14%左右时覆盖率已接近于 100%。

迭代扩散算法中有一个重要的参数选择，即控制扩散过程的迭代次数。迭代次数增加，计算代价必然随之增大，而推荐的准确性是否相应增长，还不能确定。为了验证迭代次数与算法准确性之间的规律，辅助实际系统中的参数选择，我们在不同条件下设计了实验。选择两种极端，结果如图 4—19 所示，一种是训练集密度很低，训练集测试集比例小于 1 的情况（图 4—19（a）），另一种为训练集密度比较高，训练集测试集比例大于 1 的情况（图 4—19（b））。图 4—19 中，横坐标为迭代次数选择，纵坐标为命中率（%），水平线为相应条件下 Cosine 方法的结果，因为 Cosine 方法与迭代参数无关，所以显示为水平线。折线反映了不同迭代次数下，算法命中率的变化情况。

根据实验结果，在信息比较充分的情况下，迭代次数增加，算法准确度反而出现下降趋势，而在信息比较欠缺时，算法准确度会随着迭代参数增长而明显提高，在达到最高值后缓慢降低。可见数据条件不同，迭代次数对算法准确度的影响也是变化的。扩散作用通过迭代过程，将最初稀疏矩阵中非常有限的信息逐级分散，从而增加判断的依据。但是，随着扩散范围增大，距离信息源越来越远，信息的准确度也逐渐降低，所以这种扩散的范围不宜拓展到很大，最优准确度在比较小的迭代次数上即可实现。具体应用中，可以保留设定迭代次数参数接口，使用户能够根据不同数据集选定有效数值。或者，当系统对准确度要求不是非常严格的时候，可以选择把迭代参数设定为 3～5 之间的数值，实验显示这时扩散算法基本能克服稀疏矩阵中信息匮乏的问题。

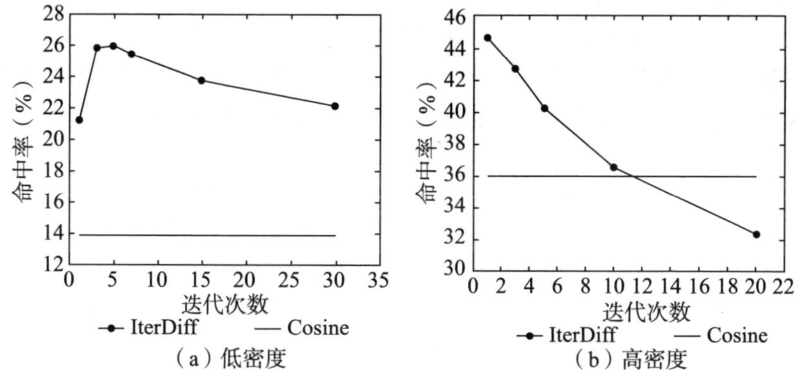

（a）低密度　　（b）高密度

**图 4—19　迭代次数对算法准确性的影响**

5. 稀疏条件下扩散算法的进一步改进

因为前面的实验结果显示在训练集密度极低的情况下，算法效果比较差，所以开展进一步实验，从 LiveJournal 数据中抽取几个不同条件的样本子集，引入节点的结构属性信息，以期改善极端情况下算法的效果。

主要从以下几方面考虑进行算法改进：

应用节点的中介中心度修正其获得资源能力。原始算法中与拥有资源的节点相连的邻居都是平等的，一步扩散中获得资源量的平均值。而前两章的实践和实验研究显示中介中心度高的节点具有信息优势，更有可能被选择为连接对象，所以使节点在扩散过程中获得的资源与其中介中心度成正比。

此外，对于无法做出预测的节点，可以根据其中介中心度给出推荐序列。

除了中介中心度外，节点获得选择的概率还可能与其连接度有一定的关系，这种关系可通过对网络连接度的相关性分析来认识。在构建推荐序列的过程中增加考虑连接度因素，进一步修正推荐结果。

考察 LiveJournal 用户友情连接数据集，从图 4—20 中可以看到度相关性可分为两个区域：度数比较低的节点表现出非协调混合模式（dis-assortative mixed degree pattern），而度数比较高的节点表现出协调混合模式特征。这也是在线电子社区中用户友情关系的一种重要结构特征，文献①也报告了类似的分析结论。这种图像反映节点倾向于与度数高的节点建立连接，这种规律在两个方向上表现出一致性。利用这一特征可以进一步修正推荐列表：使得节点获得推荐的概率随其度数的增加而增加。

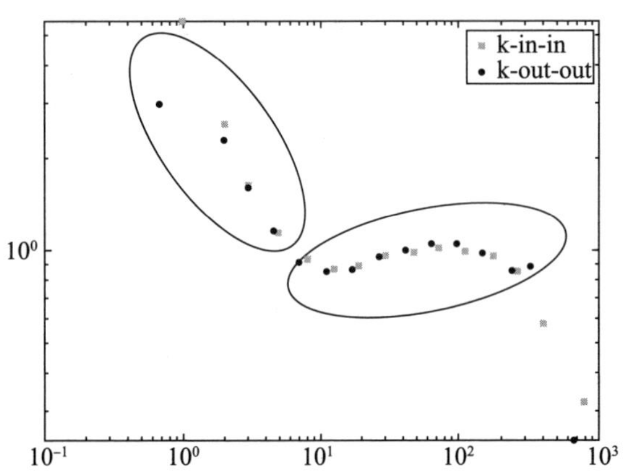


**图 4—20　LiveJournal 用户友情连接度相关性**

为检验改进算法的效果，选取 LiveJournal 数据集中随机抽取的1 000名用户作为样本，各样本组训练集密度如表 4—6 第 2 列所示，此外还考虑了训练集与测试集的相对比例，表 4—6 第 3 列显示了训练集在整体数据中所占的比例。

**表 4—6　　测试数据子集条件**

| | 密度 | 训练集比例（%） |
|---|---|---|
| dataset1 | $9\times10^{-4}$ | 38.73 |
| dataset2 | $1.4\times10^{-3}$ | 30.18 |
| dataset3 | $1.6\times10^{-3}$ | 38.3 |
| dataset4 | $1.9\times10^{-3}$ | 37.06 |

① Ahn, Y.-Y., Han, S., Kwak, H., Moon, S., Jeong, H., "Analysis of Topological Characteristics of Huge Online Social Networking Services", *International World Wide Web Conference Committee* (*IW3C2*). *WWW 2007*, 2007.

实验结果如图4—21所示，从三个指标来评价算法改进的效果。各项实验均以Cosine算法作为对比参照。与前面的结论一致，统计结果显示，迭代扩散算法在各项指标上均明显优于Cosine算法的表现，修正算法对结果覆盖度有比较明显的改善。推荐列表的覆盖度，除了与数据集密度有关，也与数据分布模式有关系，所以密度很低的数据集推荐结果的覆盖度也比较低，不同数据集获得推荐结果覆盖度的初始水平各不相同。而扩散算法及改进算法使推荐结果的覆盖度获得了明显的提高。改进后的算法可对所有用户给出非个性化的一般推荐列表，虽然可能不太精确，但这种推荐也是非常有用的，可以有效帮助新用户创建优化的个人知识网络。

具体推荐效果的准确程度，通过命中率和列表质量来衡量。从图4—21 (b)中可以看到，对于训练集比例极低的数据集，推荐算法命中率

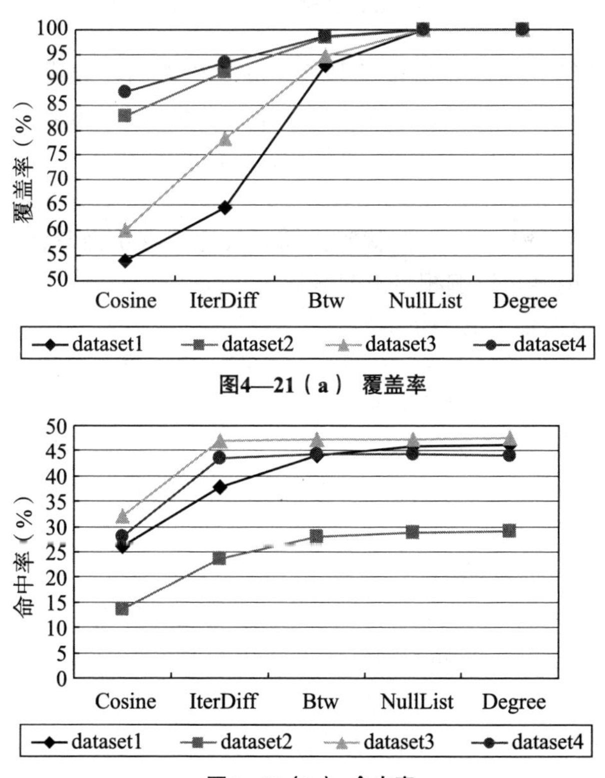


图4—21（a） 覆盖率

图4—21（b） 命中率

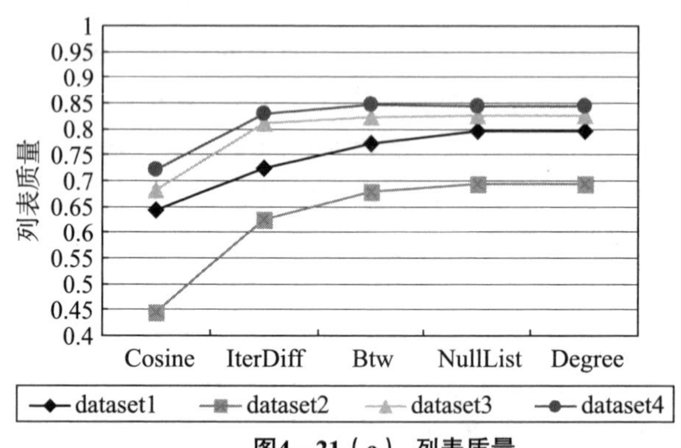


**图4—21（c） 列表质量**

**图 4—21 算法改进效果测试统计结果**

也最低。统计结果显示，以推荐列表 top—20 为例，迭代扩散算法对比 Cosine 算法改进效果明显；增加节点中介中心性的改进算法，在初始数据集密度低的条件下效果更明显。改进后的算法影响不显著。推荐效果的准确程度在推荐列表质量指标上同样有类似的结论。在数据集密度非常低的条件下，考虑节点中介中心性就能比较有效地改善扩散算法的推荐质量，而节点连接度的修正影响相对不明显。

6. 虚拟数据集上的一组实验

上一章中介绍的动态人际传播网络模型，也为推荐算法验证提供了虚拟测试平台，通过模型中的参数接口，可设定不同的测试条件。参考范围参数 $\eta=100$，传播/重连比例 $C=100$ 的情形下，网络稳定时（动态稳定），结构特征比较符合实际，这时我们得到了与实际系统中类似的测试结果。而基于虚拟数据的测试过程显然具有成本低、效率高、灵活性大的优势，所以可以在不同条件下，对各种算法先在仿真网络中进行实验测试。实际上，推荐的结果会影响到用户的下一步行为，从而引起网络结构的变化，这种效果，通过计算机模拟的演化过程可以做进一步仿真和预测。

这里我们先就一个小规模仿真平台上获得的测试集实验结果进行分析。将仿真网络模型的规模控制在节点 $N=100$，连接边 $L=150$，不考虑连接关系方向。将仿真网络中某个时间点设为初始基准，随着系统运行，不断有新的连接关系取代旧连接，新增连接边的数量随时间变化的关系如图 4—22（a）所示。

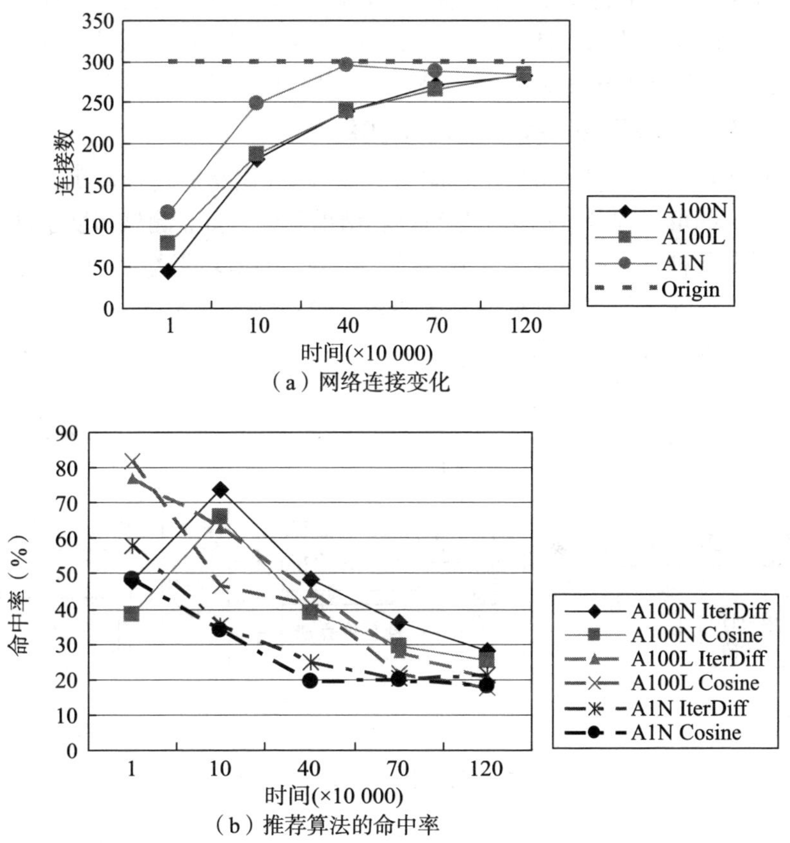


（a）网络连接变化

（b）推荐算法的命中率

**图 4—22　仿真网络上算法验证实验结果**

因为时间步是模型中的相对概念，所以，以新生连接边反映出的系统演化程度来理解运行时间，图 4—22（b）显示了相应时间上推荐算法的效果。可以看到随着新生连接关系增加，准确推荐的难度增大，算法准确率下降。极端情况下新生边的数量与原始网络中边的总数量相当，这时从网络连接的快照来看两个网络几乎完全不同，此时推荐算法的准确度大约为10%，依然显著高于随机选择情况下1%的命中率。在连接更新率接近77%的水平上，扩散算法的准确度保持在40%的水平，这时，扩散算法明显优于Cosine方法；在连接更新比例较小的情况下算法准确度更高，这时两种推荐方法的差别不大。同Cosine方法相比，随着连接边更新比例的增加，扩散算法准确度下降的幅度不十分显著，因此更有优势。

### 4.4.3 基于2—模式的网络实验

扩散算法的思想还可以扩展应用于2—模式网络的情形，我们在MovoieLens的电影评分数据集上进行推荐结果测试。重点测试密度条件不同的情况下几种算法的效果，选用基于Cosine相似度的算法，以及非个性化以节点连通度为推荐依据的方法作为参照，图4—23显示了2—模式网络中测试实验的基本框架。

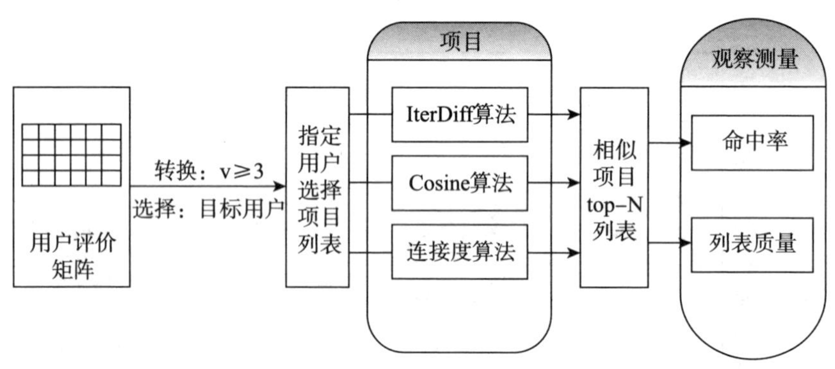


**图4—23 2—模式网络算法验证实验框架设计**

实验结果如图4—24所示，结果显示，大部分情况下，基于相似度评判的推荐算法效果明显优于简单的非个性化推荐法，训练集稀疏程度比较强时，扩散算法的优势比较明显，当训练集所占比重超过0.5时，扩散算法与Cosine算法的效果比较接近。

图4—24（a）中命中率统计以top—20列表计算，top—N中N的选择会影响该指标。图4—24（b）选取两种不同的训练集比例水平，$x=$

0.8（图中以实线表示）和 $x=0.2$（图中以虚线表示）。N 选取比较常见的 4 个水平，三种方法在不同条件下的实验结果以不同线条和形状的标记表示。综合来看在训练集比例比较高时扩散方法和 Cosine 方法效果接近，明显优于节点度的方法。在训练集比例比较低的情况下，Cosine 方法效果接近于度方法，而扩散方法的优势比较明显。同时，随着推荐列表的增长，优势效果更明显，这显示出扩散方法获得的推荐列表效果在整体上更佳，这种效果也可以通过列表质量指标考察，如图 4—24（c）所示。

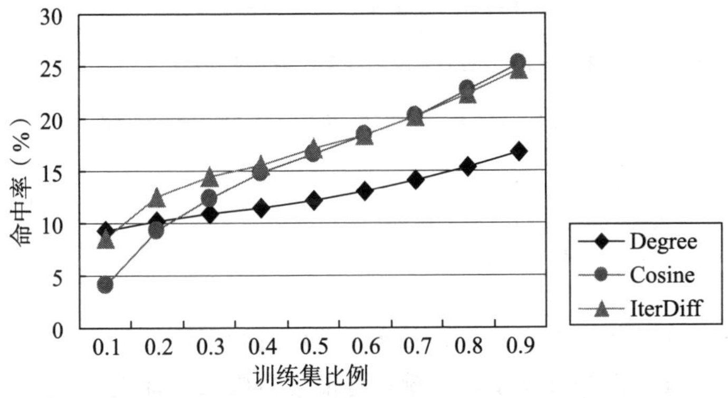


**图4—24（a） 命中率随训练集比例变化关系**

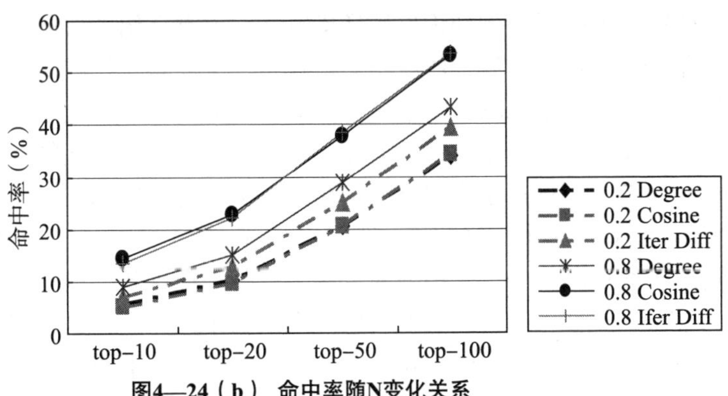


**图4—24（b） 命中率随N变化关系**

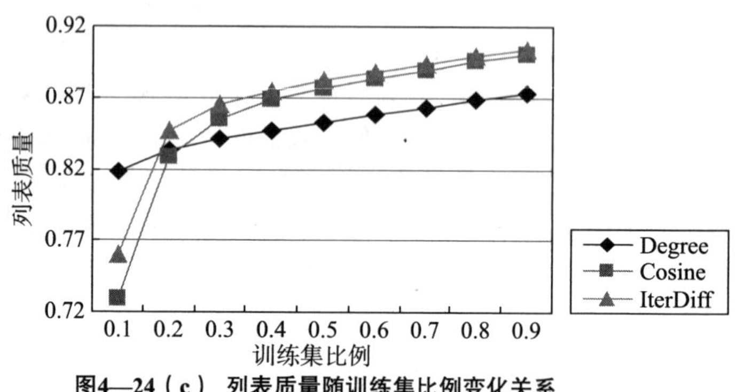


**图4—24（c） 列表质量随训练集比例变化关系**

**图 4—24 MovieLens 数据集上算法测试结果比较**

## 4.5 小 结

本章首先分析了个性化推荐技术对于促进知识传播的意义，在信息资源越来越丰富的网络环境下，系统推荐能力将极大地促进知识传递和获取过程的效率。在 4.2 节回顾了推荐系统相关的概念、算法和评价指标等方面的主要研究进展。考虑到知识应用环境特征，重点介绍了协同过滤算法的基本思路和实现框架。我们所应用的推荐系统应当具有比较短的学习周期，能够在初始信息量比较少的情况下发挥积极的功能，这是系统能够赢得更多用户，发挥更大作用的必要前提。所以要求选择的算法能够克服信息稀疏性的问题，而这正是协同过滤算法的不足之处。在 4.3 节中通过分析网络结构和节点属性间的相关性，提出了新的节点相似性判断方法——资源扩散算法，给出了相关的定义、算法实现步骤，以及在单维度网络、2—模式网络中的具体应用方法，还通过对比实验展示了算法在大型稀疏网络上的社区发现功能。在 4.4 节中，对算法在不同环境下的效果进行了实验验证、对比分析。介绍了开展实验的数据环境，包括虚拟数据集的设计与实现、实际数据集的选择与获取方法。并在不同环境中，测试了几种改进算法，报告并对比分析了实验结果。

实验结果显示，我们提议的资源扩散算法主要有以下几个特点：

（1）形式简单，易于计算，仅依赖于邻接矩阵的信息即可得到推荐结果。

（2）算法时间和空间效率均比较高，通过矩阵运算，可以同时得到对所有用户的推荐结果。

（3）在初始数据非常稀疏的条件下，显示了比较高的准确度，明显优于传统方法。

（4）应用范围广，可应用于单维度网络环境，简单变形后即可应用于2—模式网络拆分。

（5）算法迭代次数可以根据数据条件调节，通常仅需要较少次数的迭代即可取得不错的效果。

综上，迭代的资源扩散算法非常适用于我们研究的知识传播支持，在我们的系统中将发挥知识内容和知识专家推荐的重要作用。

# 第 5 章 基于社会网络的知识协作平台

本章首先分析了对知识管理系统的迫切需求，鉴于海量信息中知识发现、隐性知识管理，以及知识创新支持的难题，特别提出通过融合社会性网络的信息技术支持构建知识协作平台系统。详细讨论了社会网络与信息技术结合的可能性，分析了社会性软件和 Web2.0 时代技术的主要特点。进而提出了知识协作平台系统框架和原型系统的设计开发方案。详细介绍了系统各个层次的特色和实现方式，给出了原型系统的功能结构、技术框架、数据库结构和用户接口界面，并对系统性能进行了简要分析。通过具体的系统原型应用并落实了前面各章的研究成果，以信息技术支持了组织的知识实践，促进其知识能力提升。

## 5.1 知识协作平台需求

随着信息化程度的不断加深，无论对于组织还是个人来说，知识成为体现其本质差异的因素，知识能力也成为获得发展的核心资源。围绕知识能力提升，产生了一系列新的需求。

首先，怎样在大量的信息当中发现知识成为一个关键问题。知识不同于信息，提到知识，我们特别强调它与行动的联系以及对行动的指导能力。现代信息技术的普及和硬件设备的发展，使得信息存储不再是一个难题。海量的信息存储，为资料保存带来了便利，却为知识的搜寻和获取带来了一定困难。使合适的人在合适的时间、合适的地点得到合适的知识，成为知识管理系统的重要的目标。

此外，怎样解决所谓“隐性知识”的难题。博兰尼（Polanyi）首先提出隐性知识的概念①，虽然对知识分类有多种不同角度。在各种分类方式中，都可以看到这样一类难以用文字等外化形式表达、情境相关、主观且本质的知识，它对应于可以用文字表达的客观的知识，被称为隐性知识。② 信息系统不但要管理记录标准的知识文档资料，还应支持隐含在实际业务操作当中的隐性知识管理。因为隐性知识是个人化的，发现隐性知识最好的途径是找到相应的人——特定领域的知识专家。按照经济合作与发展组织在《以知识为基础的经济》报告中对组织知识所作的分类③，要较好地解决隐性知识的问题，实际上是要解决 Know-Who（知道谁拥有想要知识）的问题。这是一个需要信息系统与其他领域研究充分结合的新方向。

最后，怎样有效利用知识管理系统进行知识创新。知识管理系统不应当仅仅是历史资料的存储系统，更应该是汇集和产生新知识的平台。在 Nonaka 被广泛接受的知识创新的四阶段模型中，描述了隐性知识与显性知识各自扩散和相互转化交替进行，最终实现知识创造的过程。④ 社会性交互在知识的创造过程中是必不可少的环节，如何通过信息技术来促进和激发这种交互作用，支持创新行为，是对知识系统新的要求。

通过信息系统促进组织知识能力提高，在相关的知识管理系统研究中

---

① Polanyi, M., *The Tacit Dimension*, New York: Doubleday, 1967.

② Hidding, G. J., Catterall, S. M., “Anatomy of a Learning Organization: Turning Knowledge into Capital at Anderson”, *Knowledge and Process Management* 5 (1). 1998, 3-13.

③ 参见 *The Knowledge-based Economy*, Report of OECD, 1996。

④ Nonaka, I., Konno, N., “The Concept of ‘BA’: Building a Foundation for Knowledge Creation”, *California Management Review* 40 (3), 1998, 40-54.

已经积累了一些宝贵的经验，但正如上面所分析的，不能充分认识到知识系统的特性，就很难构造一个成功有效的系统。这个系统应当以用户为中心，能够发挥每个用户的创造性、适应性，促进用户协作和知识整合，是具有灵活性且扩充方便的平台。针对上述几点需求，在本章中将综合前面各章节介绍的相关研究中所取得的进展，讨论如何通过新技术设计和实现能满足实际需求的知识协作平台，以促进知识能力提升。我们以复杂适应系统的观念来分析知识组织，通过对主体知识网络的结构和功能分析，找到知识组织中的薄弱环节或结构漏洞，再通过信息技术干预，促进知识传播，提升组织知识应用和创新能力。

## 5.2 基于社会网络的系统架构

社会网络是知识传播、知识应用系统中必不可少的一部分，特别是对于隐性知识管理具有重要意义，是满足上一节中所提出的需求的关键。因此，在支持知识协作的信息平台设计中，我们选择“社会性软件”相关技术，以增强对社会网络的管理和利用。

### 5.2.1 社会网络、社会性软件与 Web2.0

虽然至今对于社会性软件还没有一个完整统一的定义，但对于复杂适应系统的概念有所了解之后，对社会性软件应不会觉得陌生。在某种程度上，可以说这类软件正是复杂适应系统思想在信息系统、计算机软件上的体现。从各种实例和普遍的认识来看，它最重要的特点就是将人作为构成系统的核心部分纳入整体系统当中，以计算机和互联网等技术作为辅助工具，突破传统的时空局限来支持和鼓励人际间联系，形成系统的社会网络基础，使整个系统随着参与者的应用活动，在内容上和功能上得以不断完善和发展。Blog、Wiki、社会性标签、社会关系网络服务是全世界最广为人知的四类社会性软件，在开放共享、同创共用的观念推动下，在大量实际的自由开源软件项目的支持下，这四类社会性软件获得了广泛应用，并在发展中不断完善。据不完全统计，它们每一类都有数十种乃至上百种不同的系统实现，每种系统实现又都可能有成千上万的应用安装实例。如

Wordpress[①]，安装实例据不完全统计就多达 400 万。

与社会性软件强调的是软件概念相比，Web2.0 更强调的是 Web 服务；从信息系统的角度看，社会性软件的包含范围更广一些，一些并不是 Web 形式的网络信息系统也可以是社会性软件。从概念继承上看，社会性软件是一个被逐渐替换使用的概念，社会性软件以前所指称的 Web 信息系统逐渐被人们更多地用 Web2.0 所代替，只有那些非 Web 的信息系统还保留社会性软件的称呼；因此，可以把 Web2.0 看做社会性软件思想对 Web 信息系统产生广泛影响后的产物，是社会性软件在 Web 信息系统中应用的拓展。[②] 为了避免概念上的混乱，后面将相关技术统称为"Web2.0"相关技术。

Web2.0 这个称谓最早在 O'Reilly 出版社和 MediaLive 举办的一次国际会议上的头脑风暴中被提出。Tim O'Reilly——O'Reilly 出版社总裁兼 CEO——认为 Web2.0 是一种新的理念，在他的《什么是 Web2.0？下一代软件的设计模式和商业模型》一文中[③]，概括了 Web2.0 代表的下一代软件的一些特征：(1) Web 作为系统开发的平台 (the web as platform)；(2) 系统中体现了借助群体智慧的设计 (harnessing collective intelligence)；(3) 数据是系统的核心 (data is the next intel inside)；(4) 不再有传统软件版本发布的周期循环 (end of the software release cycle)，即软件总是处在不断改进的过程中，或永远都是测试版 (the perpetual beta)；(5) 轻量级编程模式 (lightweight programming models)；(6) 软件可在不同设备上运行 (software above single device)； (7) 富用户体验 (rich user experiences) 等。[④]

---

① 参见 http：//wordpress.com。Wordpress 是一种基于 PHP 和 MySql 的 Blog 系统实现。

② 参见张树人：《从社会性软件、Web2.0 到复杂适应信息系统研究》，中国人民大学博士学位论文，2006。

③ Tim O'reilly，美国 IT 业界公认的传奇式人物，"开放源码"概念的缔造者。对于 Web 2.0，有人认为这仅仅是一种商业炒作，也有人认为是一种新的理念。Tim 持后一种观点。Tim 希望通过本文澄清对 Web 2.0 的认识。

④ O'Reilly，T.，"What Is Web2.0：Design Patterns and Business Models for the Next Generation of Software" 发表于网站 http：//www.oreillynet.com/pub/a/oreilly/tim/news/2005/09/30/what-is-web-20.html。

Web2.0 的概念框架创新重组了系统开发中的多种技术，使得系统平台更灵活，更能鼓励用户参与，特别支持了社会网络的构建。一些技术改进，以及更根本的思路变化，对整个信息系统和 Web 的开发应用都产生了划时代的影响。Web2.0 时代信息系统在实现技术上具有以下不同于以往的特征：

1. 主体参与式架构

在主体参与式架构（participation architecture）① 中，以人为中心进行设计，用户作为系统的人件（human-ware）嵌入系统的功能设计，作为算子参与系统的计算，使系统的某些功能可借助于用户参与来实现。比如传统算法很难实现的非结构化数据识别、自动标注等功能，通过对用户行为记录的分析来实现，从根本上改变了解决这些难题的策略，在许多应用环境中表现出了很好的效果。

2. 支持社会互动性

用户是系统的一部分，“社会互动性（social interaction）”强调用户的作用不仅仅是“参与”。虽然在许多互联网应用中，用户都可以通过访问“参与”，获得某种形式的服务，也有一些应用支持用户对系统的反馈，以及用户之间的交流沟通。但“社会互动性”有更高的要求，它首先强调用户“参与”不是孤立的，而且通过用户参与的互动协作能带来系统效益增值。以 Web2.0 的典型应用 Blog 为例来说明，如果互联网中只存在一个 Blog 网站，那么它就无法体现出社会互动性的价值，不能被称为 Web2.0 应用；如果存在很多 Blog 网站，但是它们之间没有交互机制，也不能算是 Web2.0 应用。无数的 Blogger 在自我创作的同时，相互引用、讨论，形成了一个 Blog“生态系统”，所有的参与者在收获的同时，也在奉献；互有往来，互相满足。Blogger 成为创造者、建设者和分享者，成为互联网的主体力量，而不再是一个局外人，这种应用方式成为 Web2.0

---

① 参见 Tim O'Relly，“An Archtecture of Participation”，参与式架构原指系统架构设计面向公众开放，允许公众参与系统的改进或设计，描述开源软件的开发模式。本文重新限制了这一术语，强调系统功能中的人件的重要性，在系统运行中允许公众参与、可同时丰富系统的内容并改进系统功能的系统架构。

特征的典型代表。

3. 开放式架构

新时代的信息系统在开发模式上也发生了根本性的变化。随着开放式API的兴起，大量网站服务开放了自己的功能，让原来面向直接用户需求的Web服务成为可编程的Web，方便其他系统集成。[①] 系统采用开放式架构，开放自己的功能接口，允许第三方开发使用。一些开放功能可以作为插件嵌入其他系统供集成使用，还有一些系统形成了“Web2.0组合工厂”，提供开放体系，允许第三方开发插件添加到本系统中来。

ProgrammableWeb[②] 是一个专门收集陈列供集成的可编程Web的网站，包括应用非常广泛的del.icio.us[③]、Flickr.com[④]、GoogleMap[⑤]、Technorati.com[⑥] 等等，其中详细列出了它们的应用开发说明（API），因此相当于一个Web2.0时代的应用编程者开发指南。截至2006年2月，该网站列出了58个流行的Web服务，而在2008年同期，这个数字增长到了591个，这个数字的变化从一个侧面反映出了这种开发模式在近两年的飞速发展和广泛应用。系统的开发更像一个功能模块重组的过程，从而信息系统不再是一个孤立的概念，而更像一个生态环境，一个提供了良好机制的平台，在此基础上不同功能互相补充、共同进化。[⑦] ProgrammableWeb网站在Marshup栏目里还列出了集成的混合应用系统实例，通过二维数据表表示两种Web服务之间的应用混合，并以用户可自行添加编辑、类似Wiki协同管理的方式，方便开发者随时把自己开发出的新的混合应用添加到对应的组合位置中去。[⑧]

---

① 这种允许在第三方系统中使用本系统的功能服务，如果双方间有利益分成，就形成了类似代理的关系，这种方式在电子商务中被称为联属营销（affiliated program）。

② 参见http：//www.programmableweb.com。

③ 参见http：//del.icio.us。

④ 参见http：//flickr.com。

⑤ 参见http：//maps.google.com。

⑥ 参见http：//technorati.com。

⑦ Liu Y., Zhang S. R., Fang M. Q., “Emergence Pattern Study on Technologies in Web2.0 Era”, in *Proceedings of the 7th IFIP Conference on e-Business, e-Services and e-Society*, 2007.

⑧ 参见http：//www.programmableweb.com/mashup。

一个突出体现这种开发模式的系统平台可见于 Ning. com,① 该系统最初设计的目的是方便用户在线设计各种 Web2.0 应用，并能相互分享开发经验，把社会性软件中的社会化合作扩大到开发设计群体中去，并把 Web 服务设计者、热衷于系统混合的再造者（re-mixer）和普通用户之间的合作都纳入 Ning 系统内。Ning 把开源系统的设计、开发、发布与使用者的复制、安装、运行、修改、再发布等活动集成在一个系统之内，加快了开源系统在传播中版本进化的周期，改变了开源系统的开发设计模式。鉴于这种架构对于开源系统发展的巨大推动潜力，Ning. com 的体系架构很可能会成为未来开源系统的通用架构。

### 5.2.2 系统框架设计

基于 Web2.0 的思想，我们试着给出一个系统框架的图景，参见图 5—1。需要声明的是，整个系统组织远比框图复杂，每一层次内部和各层次之间均有着复杂的信息交换、相互作用；此外，系统也具有很高的动态性，在功能上和组织上都是不断发展变化的。这些特点是重要的，但难以通过平面图展现，所以图 5—1 展示的是在特定时刻特定角度上的一种简化结构示意。

系统可以分为四个层次：存储层、功能层、展示层和用户层。在 5.3 节～5.6 节中将对各层次展开具体介绍。基于前面介绍的研究成果，我们用 ASP. NET 实现了一个以推荐功能为核心的原型系统，下面首先对原型系统的功能结构和系统实现架构进行介绍。

原型系统主要围绕推荐功能，其结构可参见图 5—2。针对两种不同层次的知识，技术支持有不同侧重。对于外化为信息文档资料的显性知识，主要通过信息管理中的存储、传输、搜索技术来支持。对于更加模糊、难以表述的隐性知识，重点考虑促进知识用户的人际传播：通过对用户行为的记录，增进发现目标对象的能力，支持有针对性的关系建立，促进传播开展。相应地，我们的原型系统实现了两种形式的推荐：一种为支持显性知识传播的知识文档资源推荐，另外一种是为了促进隐性知识传播

① 参见 http：//www. ning. com。

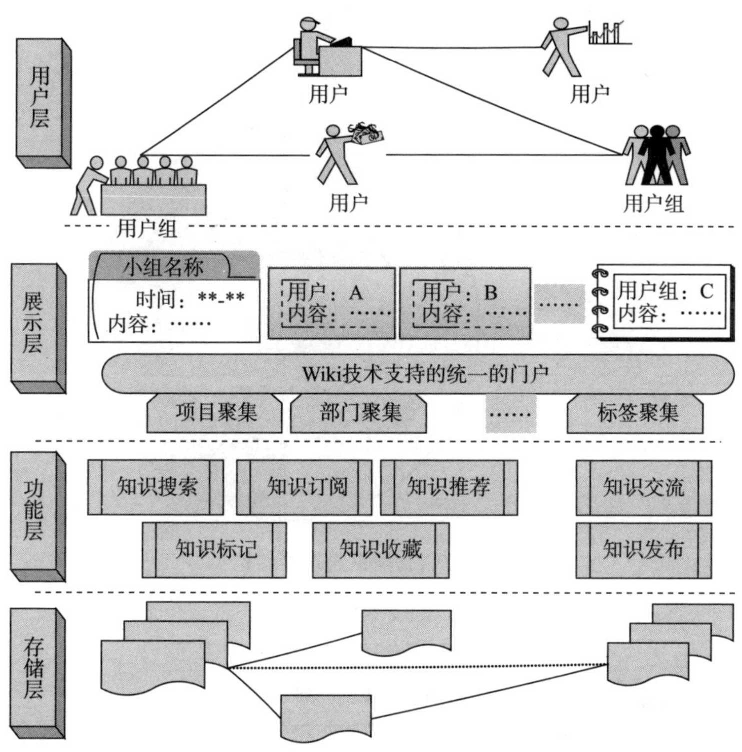


**图 5—1　知识平台框架设计**

而实现的，推荐用户选择朋友。系统对注册用户和一般访问用户所提供的服务具有不同接口，对应着推荐功能可以满足不同层次的需求，对于信息记录符合条件的用户，系统将调用上一章中介绍的网络扩散算法提供个性化的推荐列表，对于未注册用户或信息欠缺的新用户，系统将调用网络结构分析算法或其他信息提供非个性化推荐列表。围绕推荐服务，系统还具备一些其他支持性功能，在图 5—2 中由第二层圆环内的标注所示。围绕知识资源，系统具有评分、收藏和标签管理功能；围绕用户网络，系统提供友情连接的管理、朋友查询和访问等功能。

从实现角度来看，原型系统架构如图 5—3 所示。最上层为 Web 交互界面层，主要是界面展示，接受用户的交互，待后台处理后再把结果反馈

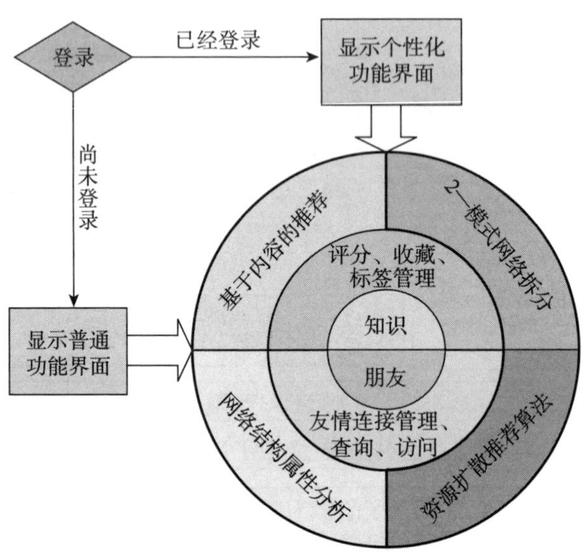


**图 5—2　原型系统功能结构**

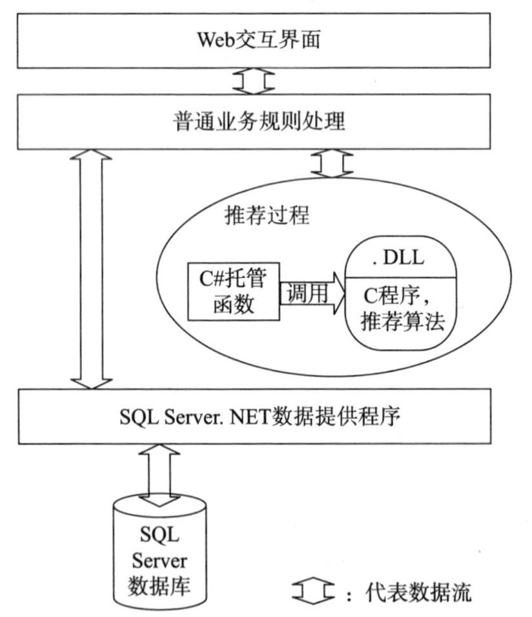


**图 5—3　原型系统实现架构**

给用户。接下来，普通业务规则处理层执行前台的命令并进行相应处理，进行数据转化，涉及数据库的操作则调用下一层.NET数据提供程序来实现与数据库的交互。.NET数据提供程序层的功能是根据条件访问数据库，并返回数据库执行结果。个性化推荐过程中，托管代码调用动态链接库（DLL）中的非托管函数执行推荐过程。

原型系统提供的Web服务种类还不够完善，如同所有具有社会性的应用系统一样，结合进一步的用户使用，系统在功能和性能上仍需要不断改进。

### 5.2.3 系统性能分析

原型系统是使用.NET框架搭建的Web应用，使用C#语言开发，SQL Server数据库支持。.NET框架提供了良好的资源管理、多语言开发、安全、部署、管理等技术，同时，ADO.NET组件通过.NET数据提供程序从数据操作中分离出了数据访问，实现了独立于数据源的数据操作，从而提高了数据访问效率。

.NET框架的核心通用语言运行时（common language runtime，CLR）允许应用程序同时包含托管和非托管的部分，能够支持托管代码调用DLL中的非托管函数。在该系统实现过程中，由于C语言的程序代码执行效率远远优于C#或其他高级语言，故涉及推荐算法的代码是使用C语言来实现的，而主体的C#托管代码调用非托管C程序的问题是通过DLL来实现的，通过参数实现托管代码与非托管代码间的数据传递。

## 5.3 存储层

这一层是知识系统的原料基础，主要包含组织内沉淀下来的显性知识。这一层的突出特点是：系统中的知识存储彼此之间具备多样的联系。我们将在功能层相关部分的具体介绍中看到，这些联系是在使用者群体的操作中涌现出来的、在应用过程中不断演化发展的自组织关系。在存储层中要记录这些联系及其变化，这样可以通过分析这些记录来方便地探查其中的特点和规律，还可以从多个角度归纳和展现特定的知识组合，支持关联知识的发现。

从数据库实现上来看，本原型系统采用SQL server 2000作为存储基础，包含用户间关联信息库和资源信息库。对用户的朋友推荐基于用户间关联信息库实现，而对于知识资源的推荐和管理则基于资源信息库。两个库中的库表，均需要能高效地进行大量查询和一定的更新操作。

用户间关联信息库包含两张数据库表，其中用户信息表主要记录了用户 ID 和用户名称等用户基本信息，显示推荐结果时通过查询该表获得相关映射；而朋友记录表记载了成为朋友的用户 ID 对，是推荐算法必要的输入数据源。资源信息库涉及一些管理功能，包含的数据库表比较多，主要有：知识信息表、知识收藏记录表、标签记录表和知识评分表等。

库表中包含的具体属性和表间联系，参见下列介绍及图 5—4。

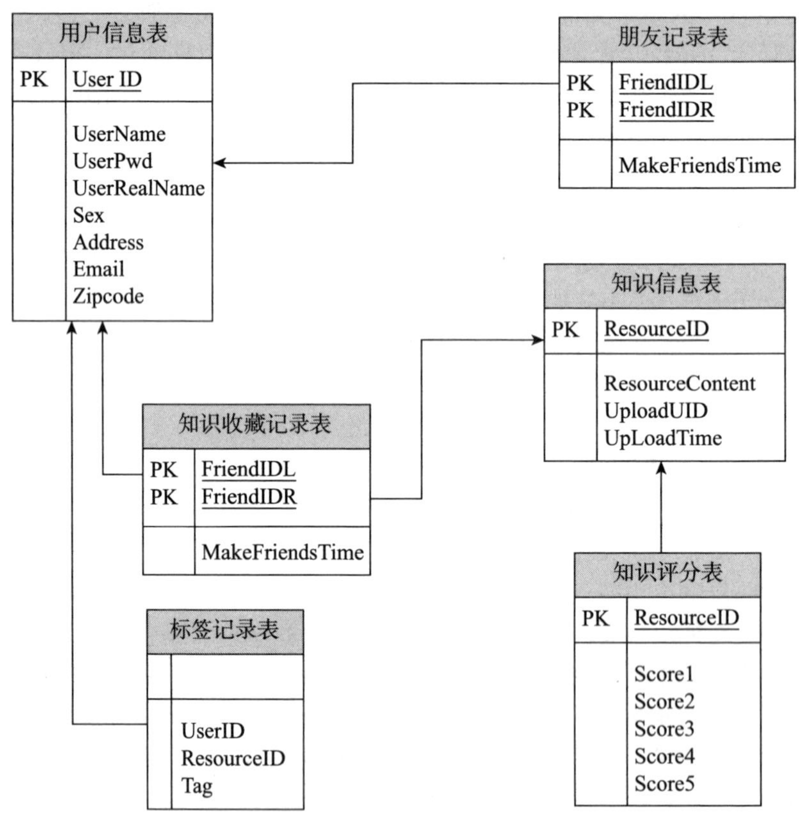


**图 5—4　数据库表关系图**

用户信息表：以用户 ID 作为主键，记录用户的全部信息。

朋友记录表：记录所有的朋友 ID 对。

知识收藏记录表：包括用户 ID 和所收藏的资源 ID，记录是哪个用户在什么时间收藏了哪个资源。

标签记录表：包括用户 ID、资源 ID、标签，记录哪个用户对哪个资源添加了什么标签。

知识信息表：包括知识 ID、知识内容简介、上传者 ID、上传时间，记录了知识资源相关的内容和来源信息。

知识评分表：包括知识 ID、得分统计。对各个资源的评分记录，每次用户打分后，在对应分值项增加 1，以获得资源得分分布。

## 5.4 功能层

图 5—1 显示的平台框架功能层中列出了与知识能力相关的一些基本功能模块。功能层提供的并不是一个大而全的功能实体，而是许多子功能模块，各模块之间可以方便地整合，有着复杂的相互关系，比如类似于生态系统中的“寄生”、“共生”关系等。随着应用的加深，系统不断演化，功能块之间的关系可能重构，还可能衍生出空缺的生态位，激发新功能。5.2.1 小节中已经介绍了 Web2.0 时代发展的社会性思想特征，这些思想变革带动各项功能的实现与传统方式也有很大不同。因此我们的系统目标是：提供一个方便接入整合和功能扩展的环境，形成一个知识协作平台，鼓励和支持多类型的实体在这个平台上构建多维度的知识网络，用户应用和系统功能在平台支持下实现共同进化。

我们实现的原型系统主要围绕知识推荐功能，第 2 章和第 3 章介绍了网络分析建模技术，上一章中我们介绍了几种推荐算法的具体实现，通过这些技术和算法，我们可以通过开展对用户和资源网络的研究，发现系统中关键节点，为用户提供朋友推荐和知识资源推荐服务，形成知识协作和社会网络改善建议，促进知识传播，提高组织知识能力。

我们首先基于 LiveJournal 数据库，形成在线 Blog 社区用户朋友推荐功能模块，使之成为现有系统的附加服务；通过更新数据接口，该模块可应用于其他在线社区。根据用户的友情列表，作出朋友推荐，补充了系统现有功能，可提升用户应用体验，提高系统应用效率，有效促进社会网络的构建和网络社区结构改善。将此模块引入，实现知识协作平台原型中的朋友推荐功能。

对知识资源的推荐，一方面通过前面介绍的2—模式网络分析技术实现，另一方面，与系统的另一项功能——知识标记与分类——密切相关。下面将重点介绍原型系统中的这项重要功能——通过“社会性标签”实现知识标记和分类。方便地查找访问所需知识，对个人或组织应用来说，都是知识管理的重要目标，这需要通过内容标记和分类技术来实现。因此，在知识管理中，知识分类历来是非常关键的一个问题，它直接影响到检索、查询的效率。传统的分类方法主要有两种：一种是由专家以比较专业的方式逐级进行知识类别的划分；另一种由知识的创造者提供关键字等描述信息，用作分类的依据。前一种方式，虽然比较规范严谨，但是要求也非常高，尤其对于海量的、不断更新的信息内容显得不切实际；后一种方式，创作者个人的主观性作用对于整个分类系统显得过于重要，直接影响到分类的效果，而其质量很难得到反馈，难以控制。所以在这里，我们通过不同于这两种思路的方法实现知识分类的功能——通过使用者对知识的标记，即由用户从自己应用的立场角度对知识建立标签（tag），通过协作方式发现可共享的元数据。分众分类（folksonomies）系统化地概括了这样一种思想，它特别支持了从应用角度对信息的描述，体现了应用者对对象的评价。[①] 其广泛的制定基础，更能体现群体的决策，通过由大众定义的词汇表，可以找到真正符合用户习惯的表达方式。一个稳定的 tag 语义，是基于大多数人的描述、自底向上涌现出来的。在应用中，知识与 tag 标记之间建立起多对多的联系，在检索时通过 tag 聚合，可方便地找到相关领域的知识。tag 辅助实现内容标记和语义发现的功能成为 Web2.0 应用中一个重要的组成部分，近两年基于应用实践涌现出许多相关研究，揭示了社会性标签的结构特征、动态发展规律以及可能为应用系

---

① Mathes，A.，*Folksonomies：Cooperative Classification and Communication through Shared Metadata*，http：//www.adammathes.com/academic/computer-mediated-communication / folksonomies.html，2004.

统带来的巨大效用。[①] 我们的原型系统中支持了标签管理，以实现社会化的内容标记和分类功能。

## 5.5 展现层

展现层是系统呈现在用户面前的方式，是用户能够直接接触操作的。虽然知识的存储是分散的，功能的实现也是相对独立的，但我们希望以一个统一的平台为界面，使用户可以得到一个综合完备的视角。这一层主要有以下三个特色。

1. 灵活的知识聚集机制

系统存储层的所有知识资源，按照特定属性、标记或者操作的规律，可以有不同的归类方式。因此整个系统中，并没有一种统一的“标准”分类，而是在这一层提供依照特定属性聚集的机制，按照不同划分逻辑，将相关联的信息以更易理解的方式呈现在使用者面前。用户可以依照自己的需要来更新聚集标准，比如按照不同部门或是某类标记。这种机制提供了灵活多样的知识搜索入口，照顾了不同用户群的习惯，并且支持了关联知识的发现。

2. 统一的知识应用门户

为了方便访问和有效集成，系统外层提供一个统一的门户。门户采用Wiki技术[②]可以充分发挥使用者群体参与的效果。Wiki是集体协作成功的典范，它的机制是让所有人都能够对信息进行修改，同时保留所有的编辑痕迹。每个人的修改都是发表自己对一个主题的看法，众多用户的修改相当于对这一事实不同侧面的描述，有争议的地方相当于投票，这样就可能形成一个比较全面客观的最终结果，能最大限度包容不同的意见。对那些不可调和的意见和争议，Wiki也采取了许多措施求同存异，把最终版本的决定权交给未来更多的人。这个过程，类似于重复绘图法，每个人都

① Halpin, H., Robu, V., Shepherd, H., “The Complex Dynamics of Collaborative Tagging”, in *Proceedings of the 16th International Conference on World Wide Web*, 2007. Golder, S. A., Huberman, B. A., “Usage Patterns of Collaborative Tagging Systems”, *Journal of Information Science* 32 (2), 2006, 198-208. Cattuto, C., Loreto, V., Pietronero, L., “Semiotic Dynamics and Collaborative Tagging”, *PNAS* 104, 2007, 1443-1444.

② 参见 http://en.wikipedia.org/wiki/Wiki。

对同一个对象临摹，许多人重复绘制的线条便从大量的集体行为中涌现出来，最后涌现出来的被多人重复过的路径作为一个标准输出。系统由多人博弈达到相对稳定的状态，最后形成综合了大多数使用者选择意见的门户集成版本，呈现给所有用户。

3. 个人化知识中心

系统为用户提供面向个人的独立知识中心，真正体现系统的社会性基础和适应性。在这里用户可根据自身的需要，从知识库中通过检索、标记、收藏等功能管理已有知识，或者发布新的知识。从使用者的角度，每个人都有一个贴近自己的个性化知识中心，其中各项基本功能操作简单方便；而从系统的角度，这些知识中心是用户在系统中的代理和延伸，通过它们系统可以记录知识内容与创作者、应用者的各种联系。

我们开发实现的知识协作原型系统从具体用户接口界面来看，如系统框架设计介绍中所述，分为一般用户访问界面和登录用户界面。一般用户访问界面如图 5—5 所示，其中显示了系统的主要服务，登录用户可以得到页面左侧导航栏“个性化板块”所示的各项功能。

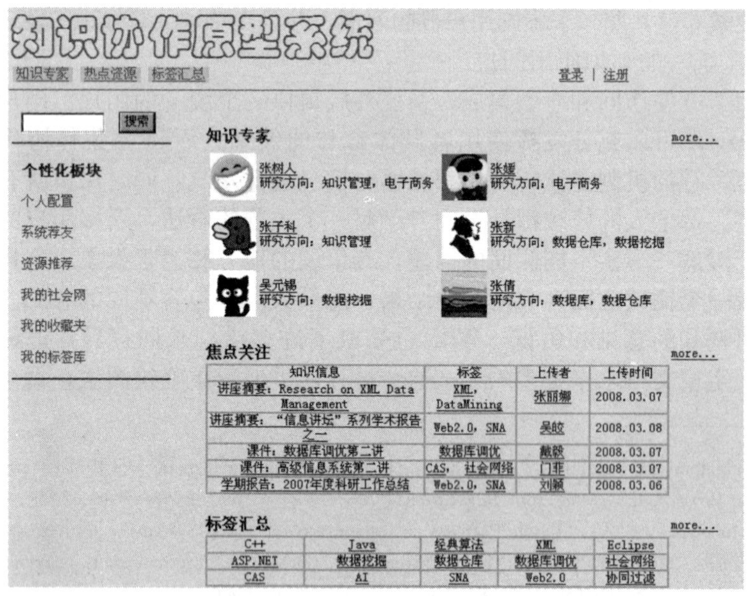


**图 5—5 一般用户访问系统界面**

一旦用户登录后，左侧导航栏中就会显示用户已经添加的朋友，通过这个朋友列表帮助用户维系其社会网络。对用户社会网络的支持是本系统的一个重要特征，这种支持包含三个基本要素：用户具有自己独特的配置主页；支持用户建立友情列表并显示在其主页上；用户自己及其他权限允许范围内的访问者可通过友情列表浏览其他用户配置主页。这种机制有效地重组了网络世界的连接关系属性，使其区别于传统连接方式。

用户配置界面如图5—6所示，该页面的作用相当于前面所述的“个人化知识中心”，当用户单击选择其他用户的标记时即可浏览到该页面。

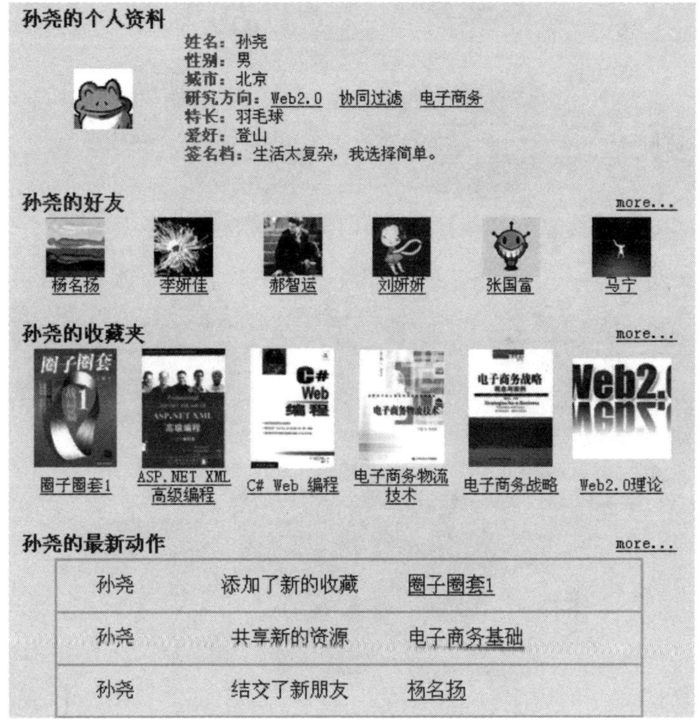


**图5—6　浏览其他用户个人配置界面**

用户的社会网络展示功能，将是系统的一个有特色的组成部分，通过“我的社会网”，用户可以浏览到其自我中心社会网的结构图以及相关指标，从而对自己和自己所处网络的结构位置关系有一个更为准确全面的认识。有许多可以辅助实现网络可视化分析的软件，比如 Vizster① 具有很好的显示能力兼具一些分析功能，图 5—7 展示了一个用户的自我中心社会网，同时通过计算分析标记出了其中存在的社区结构。推荐功能、网络可视化显示以及通过网络分析提供的网络改进建议，进一步改善了连接关系的结构属性，使得连接关系向着更有效的方向发展。原型系统中可视化部分尚不完善，希望在进一步工作中能更好地结合相关的可视化技术。

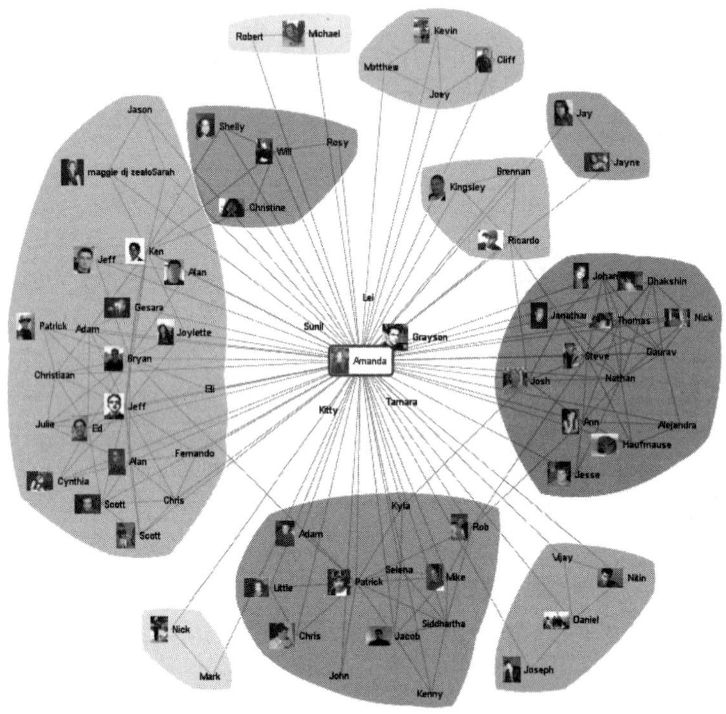


**图 5—7　用户社会网络可视化显示（Vizster 工具）**

资料来源：http：//jheer. org/vizster。

---

① 社会网络可视化软件，参见 http：//jheer. org/vizster。

原型系统主要包括两个层面上的个性化推荐服务：一层是调用单维度网络上的推荐算法进行对朋友的推荐；另一层是调用2—模式网络拆分算法进行对资源的推荐。推荐朋友的功能由系统“个性化板块”中的“系统荐友”实现，通过点击该标签，系统进入朋友推荐页面（参见图5—8）。根据推荐算法计算结果，获得最可能成为朋友的用户列表，将其信息在页面上半部分显示给用户，由用户自主选择是否加为好友；页面的下半部分显示了已经成为朋友的其他用户的最新动态，比如上传资源、收藏资源或者添加好友等。

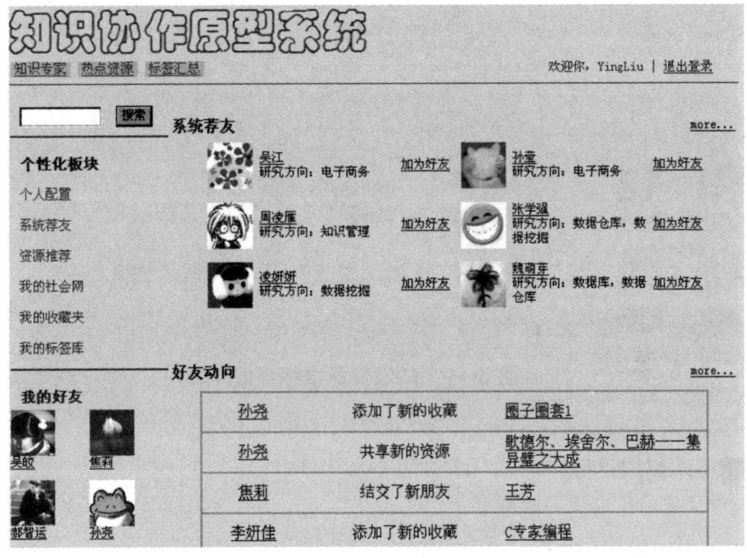


**图5—8 朋友推荐界面**

在对知识资源的推荐服务中，原型系统提供了一个嵌入两类不同算法的接口：基于用户评价矩阵的2—模式网络拆分算法和基于网络结构分析的算法。通过“资源推荐”标签，可以进入系统的资源推荐功能界面。围绕资源推荐，原型系统具有资源收藏、资源评分、资源的标签管理等功能。用户可以在查看自己感兴趣的资源之后对该资源进行评分（1～5分），将自己喜欢的资源加入收藏夹，并通过标签来进行管理。系统在导航栏中设置的“我的收藏夹”和“我的标签库”提供了个性化聚集的能力，方便了用户对资源的管理和查找。如图 5—9 所示。

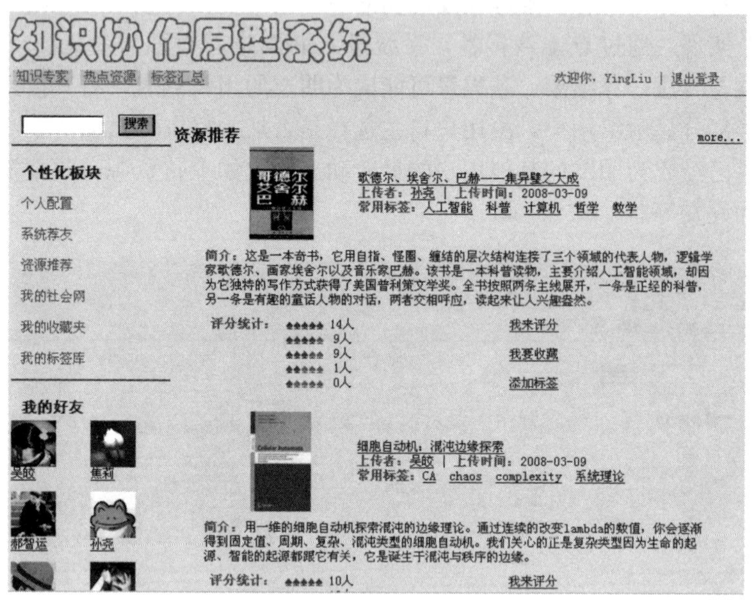


**图 5—9　知识资源推荐界面**

## 5.6　用户层

用户层的引入，是我们提出的系统思想中最为关键的，是系统创造性的根源和有效性的保障。前面介绍的各层，以信息技术支持了知识之间、使用者之间以及知识和使用者之间的联系。这些联系是在用户的实际应用中形成的，每个使用者依照自己的需要进行各种操作，根据用户对知识的标记、评价和收藏等使用方式，特定的知识间形成了某种隐含的关联，而使用者通过对特定知识的相似兴趣、操作等，也形成了特定的关联。基于相互联系的知识，形成了跨越传统生产部门边界、更为灵活的网络化组织形式，实现了知识的自组织和使用者的自组织。

借助用户的智能来完善系统的功能是用户层的根本出发点，因此在系统设计中的一个关键问题是设计系统机制，形成知识贡献、社会协作的基础。让系统用户从利己的行为准则出发，达到利他的效果，增进知识资源的积累，促进知识传播过程。最终使系统能够支持不同层次的传播，使用户智能和技术智能共同发挥作用、互相补充。

原型系统主要通过对用户的推荐功能、社会网络支持和管理维护功能，来提升用户的使用效果，从而激励用户的参与。希望通过为用户提供的个性化服务来形成系统平台上的良性循环。在机制设计中涉及用户行为博弈和用户使用心理等诸多因素，而这还有待进一步完善和发展。

## 5.7 小 结

本章首先分析了信息时代对知识管理工具的需求和知识系统设计所面临的挑战，其中最关键的包括知识筛选能力、隐性知识管理能力和促进知识创新能力方面的要求。从这些需求出发，我们首先分析了社会网络与信息技术结合的新的特征，提出了通过社会性软件技术实现知识协作平台的设计方案，重点围绕个性化知识推荐这一核心功能实现了系统原型。系统的典型特征包括：主体参与式架构、支持社会互动性以及平台的开放性。系统并不是一个孤立的大而全的功能实体，而是定位于提供一个便于集成、支持协作的基础，通过对社会网络的支持和个性化服务能力，吸引用户参与和其他功能模块的集成，进而促进系统生态形成和演化。在本章的5.3节～5.6节分别针对系统的存储层、功能层、展现层和用户层展开介绍。概括来说，原型系统的特色之处主要在于：

(1) 用户层的引入，通过用户参与评分和添加标签功能，协助系统实现知识标记分类、过滤推荐等服务，在系统中将人的智能与技术智能相结合，更有效地满足个性化的需求。

(2) 通过对社会网络的支持，促进知识专家发现，以解决隐性知识难题。

（3）引入推荐算法最新研究成果，支持用户的知识发现和应用能力，使用户获得更加个性化的服务，提高其使用效率，有效促进知识网络结构改善。

（4）通过开放的功能架构、灵活的网络组织形式以及对用户参与的支持来促进知识创新。

第

章

# 总 结

## 6.1 全书总结

知识是经过综合、加工的信息，与应用情境密切相关，对行动具有指导意义，知识的特点决定了知识相关活动的复杂性和重要性，知识管理系统研究也因此成为富有挑战的新兴领域。如何使信息系统智能地提供服务，让有价值的知识能自动找到潜在的需要者以满足其需求，成为研究者追求的目标。本书从知识传播网络入手，分析了知识相关网络的结构特征，人际传播网络的动态演化规律，并着重研究了推荐系统的算法设计与实现技术。本书的主要创新点总结如下：

（1）系统地引入网络分析方法。传统的知识管理研究，较少应用网络观点，即使提到了知识网络，一般也仅停留在对直接联系的支持上，还谈不上对整个网络结构的分析和应用。究其原因一方面是缺乏系统的网络分析框架，另一方面将网络应用于知识相关社会行为分析时缺乏有效的量化手段。本研究借鉴多层次多理论的网络分析框架，系统考察了网络分析的理论和方法，提出了组织网络结构分析的基本层次和实施步骤，并结合实例，展示了网络分析对促进组织知识管理和知识传播的积极作用。社会网络分析技术对知识支持系统前期分析诊断、推荐算法设计以及实施后绩效评估均起到了关键作用。

（2）推荐算法改进，提出了基于网络的迭代资源扩散算法。在网络分析的基础上，针对协同过滤算法在稀疏矩阵条件下存在的不足，引入迭代扩散机制。把用户历史行为信息视为单维度或2—模式的复杂网络，将网络结构相似性应用于推荐系统，并利用迭代扩散法计算节点之间的相似性。应用实证和模拟数据与传统主流算法进行对比，对算法进行了全面的测试，实验结果表明算法在初始网络非常稀疏的条件下，效率和准确性上均有较好的表现。同时，算法的网络社区发现功能为有效选择邻域、精简数据提供了思路。

（3）应用多主体建模技术分析知识传播系统。通过计算机模拟实验，我们将知识传播与社会网络的概念相结合，研究了复杂动态过程中微观基础和宏观表现之间的相互作用。讨论了不同网络结构基础对知识传递、转移和一致观念形成的影响，并研究了个体之间传播行为发生和传播关系建立的动态过程。此前的相关研究非常少，而且通常只是通过个案分析，虽具有启发意义，但是缺乏系统性，影响范围很有限。通过计算机模型展开的系统研究，将分析扩展至不同的条件范围，加深了对知识传播规律的认识，获得了支持组织知识协作的有益启发，有助于知识传播促进策略的制定和知识系统机制设计。

（4）计算机建模方法应用于算法效果评估。社会网络、知识平台都是植根于特定社会应用之中的，因此具有社会科学的特点，通过普遍的实验进行效果验证具有很大的局限性。系统的动态变化中蕴涵了人的主动性和复杂性，单纯的统计方法难以刻画系统变化的规律，因此也无法准确评测算法的施行效果。通过实际系统应用效果评测算法，结果的可信性高，但成本也比较高，灵活性差，不利于算法的调整。充分发挥计算机模拟的优势，为算法测试提供灵活高效的平台。在第4章的算法验证中，针对不同的测试角度应用系列模型，形成多层次的测试条件，虚拟测试数据集为算法分析比较提供了新的手段。

(5) 在知识平台设计和实现中，充分运用了跨学科的研究成果：以复杂适应系统理论和复杂网络理论为指导，社会网络分析和多主体模拟的方法在系统前期分析和设计阶段发挥了重要的作用，推荐系统算法设计中参考了理论物理领域的成果。基于 LiveJournal 数据库形成在线 Blog 社区用户推荐系统原型，根据用户的友情列表，进行朋友推荐。通过更新数据接口，上述系统可应用于其他在线社区，对现有系统功能形成补充，提升用户应用体验，提高系统应用效率，有效改善网络社区结构。进一步地，本书还提出了知识协作平台的设计框架，并实现了系统原型，以社会性软件的相关技术为基础，形成具有灵活性的信息系统，支持知识资源和知识专家的推荐，从而促进组织知识网络的构建和优化。

总的来说，本书将复杂适应系统理论的分析方法与社会性软件技术相结合，将理论思想指导与技术实践相结合，对两方面的研究均起到了促进作用。

## 6.2 未来工作展望

知识系统的复杂性决定了在理论和实践中仍有许多问题有待进一步研究和探索，现在进行的工作仅是初步的，对于知识传播的进一步研究包括以下方向：

(1) 传播网络模型的完善。本书的研究主要围绕人际传播网络，根据前文中分析的传播网络复杂性，多种性质的节点，多层次多属性的联系同时存在，因此对传播网络的模型还可以进一步完善。同时，模型研究还应与实证研究进一步结合，以多个领域的个案综合分析得到的结论，作为模型规则设定和效果评判的依据。

通过仿真模型验证传播策略和推荐算法效果。传播网络的动态演化过程也是知识主体间策略博弈的过程，通过模型可以检验比较策略效果并掌握整个系统的演化规律，为决策制定提供支持。同时，仿真模型可以作为算法验证的平台。当前社会性软件设计中，用户应用经验作为系统输入，影响系统效果。动态模型具有模拟系统应用动态过程的能力，因此为算法验证提供了灵活低成本的平台。

网络实例研究还处于积累阶段，传播网络理论与实践经验还未能充分结合，特别是社会性软件还是比较新的事物，对相关机制算法的验证还缺乏系统的研究。但是，从其发展的迅猛趋势来看，相信在不久的将来，该领域的研究将得到更大发展。

（2）社会化知识协作平台。分析知识传播网络和传播过程是本项研究的初级目标，最终的目标是提高知识能力，促进知识应用和知识创新。本书第 5 章，基于现有研究成果，提出了关于支持平台设计的一些设想和实验原型，希望通过信息技术与知识用户的结合，来实现这一目标，其中许多具体技术仍有很大的发展空间。

随着信息技术中硬件能力的提高，对信息挖掘、知识获取等方面技术的需求日益增加，知识支持系统的重要性也更加突出。随着社会信息化转型不断深入，计算机的功能不断完善，从数字运算、数据存储、信息处理到知识发现与知识协作支持，这个过程中信息技术应用的广度和深度都得以增加。当前信息技术与用户应用不断融合，进一步发展中面临的不仅仅是信息技术问题，还需要更多地与其他领域结合，比如统计学、社会心理学、管理学等等。围绕应用的跨学科研究中，如何更充分地发挥信息系统和信息技术的作用，将是我们继续关注的主题。

（3）系统性能优化。系统的效率和准确性表现，通常是一对相矛盾的指标，在系统设计中需要权衡。本书中介绍的算法，尚处于实验阶段，性能和效率考虑还不充分，为了实现推广应用，性能优化相关技术必然会成为改进重点。效率优化将促进应用的发展，从而对算法、系统进一步改进起到推动作用。下一步，我们将努力使算法具备可缩放能力，以满足不同应用环境的需求。在算法设计中，进一步完善数据压缩机制，有效精简信息，降低运算代价，系统实现中充分利用硬件运算能力。此外，还需要设计更加完善的系统性能测试体系。

# 参考文献

[1] Ahn, Y.-Y., Han, S., Kwak, H., Moon, S., Jeong, H. "Analysis of Topological Characteristics of Huge Online Social Networking Services." *International World Wide Web Conference Committee* (*IW3C2*). *WWW 2007*, 2007.

[2] Ahrweiler, P., Pyka, A. and Gilbert, N. "Simulating knowledge dynamics in innovation networks (SKIN)." In R. Leombruni & M. Richiardi Eds. *Industry and labor dynamics*: *The agent-based computational economics approach*. Singapore: World Scientific Press, 2004.

[3] Alavi, M., Leidner, D. E. "Review: knowledge management and knowledge management systems: conceptual foundations and research issues." *Management Information Systems Quarterly*, 25 (1), 2001, 107 - 136.

[4] Albert, R., Barabasi, A. L. "Statistical mechanics of complex network." *Review of Modern Physics*, 74 (1), 2002, 47 - 97.

Anderson, R. M. May, R. M., *Infectious Diseases of Humans*. Oxford: Oxford University Press, 1992;

[5] Anklam, P. "KM and the Social Network." *Knowledge Management Magazine*. 5, 2003.

[6] Arenas, A., Fernandez1, A., Fortunato, S., Gomez, S., "Mo-

tif-based communities in complex networks." *arXiv: 0710.0059v1*, 2007.

[7] Axelrod, R. "Advancing the art of simulation in the social sciences." In Rosario Conte, R., Hegselmann, R., Terna P. eds. *Simulating Social Phenomena*. Berlin: Springer, 1997, 21-40.

[8] Balabanovic, M., Shoham, Y. "Fab: Content-based, collaborative recommendation." *Communications of the ACM*40 (3), 1997, 66-72.

[9] Barabasi, A. L. *Linked: The New Science of Networks*. Cambridge: Perseus, 2002.

[10] Barabasi, A. L. "Network theory-the emergence of the creative enterprise." *Science* 308 (29), 2005, 639-941.

[11] Barabasi, A. L., Bonabeau, E. "Scale-Free Networks." *Science American*. 5, 2003, 50-59.

[12] Blattner, M., Zhang, Y. C., Maslov, S. "Exploring an opinion network for taste prediction: an empirical study." *working paper* 2006.

[13] Boccaletti, S., Latora, V., Moreno, Y., Chavez, M., Hwang, D. U. "Complex networks: Structure and dynamics." *Physics Reports*. 424, 2006, 175-308.

[14] Borgatti, S., *Basic Social Network Concepts*. http://www.analytictech.com/borgatti, 2002.

[15] Borgatti, S. P., Cross, R. "A Relational View of Information Seeking and Learning in Social Networks.", *Management Science*. 49 (4), 2003, 432-445.

[16] Borgatti, S. P., Cross, R., "A Relational View of Information Seeking and Learning in Social Networks." *Management Science*. 49 (4), 2003, 432-445.

[17] Boyd, Ellison, N. B. "Social network sites: Definition, history, and scholarship." *Journal of Computer-Mediated Communication*. *13* (1), 2007, article 11. http://jcmc.indiana.edu/vol13/issue1/boyd.ellison.html.

[18] Brandes, U., Kenis, P. N., Raab, J. "Explanation through network visualization." *Methodology: European Journal of Research Methods for*

*the Behavioral and Social Sciences*. 2 (1), 2006, 16－23.

[19] Breese, J. S. , Heckerman, D. , Kadie, C. "Empirical analysis of predictive algorithms for collaborative filtering." In *Proceedings of the 14th Annual Conference on Uncertainty in Artificial Intelligence* (*UAI-98*), Morgan Kaufmann 1998, 43－52.

[20] Buchanan, M. *Nexus: Small Worlds and the Groundbreaking Science of Networks*. New York, NY: W. W. Norton, 2002.

[21] Burkhardt, M. E. , Brass, D. J. "Changing Patterns or Patterns of Change: the Effects of a Change in Technology on social Network Structure and Power." *Administrative Science Quarterly*. 35, 1990, 104－105.

[22] Baeza-Yates, R. , Ribeiro-Neto, B. *Modern Information Retreival*. USA: Addison-Wesley, 1999.

[23] Capocci, A. , Servedio, V. D. P. , Caldarelli, G. , Colaiori, F. "Detecting communities in large networks." *Physica*. *A* 352, 2005, 669－676.

[24] Carrington, P. J. , Scott, J. , Wasserman S. , eds. *Models and Methods in Social Network Analysis*. New York: Cambridge University Press, 2005.

[25] Cattuto, C. , Loreto, V. , Pietronero, L. "Semiotic dynamics and collaborative tagging." *PNAS*. 104, 2007, 1443－1444.

[26] Cross, R. , Parker, A. *The hidden power of social networks: Understanding how work really gets done in organizations*. Boston: Harvard Business School Press, 2004.

[27] Cross, R. , Prusak, L. "The People Who Make Organizations Go or Stop." *Harvard Business Review*. 6, 2002, 104－112.

[28] Cross, R. , Borgatti, S. P. and Parker, A. , "Making Invisible Work Visible: Using Social Network Analysis to Support Strategic Collaboration", *California Management Review* 44 (2), 2002.

[29] Cross, R. , Parker, A. , Borgatti, S. P. "A birds-eye view: Using social network analysis to improve knowledge creation and sharing." *Knowledge Directions*. 2 (1), 2000, 48－61.

[30] Cross, R. , Parker, A. , Prusak, L. , and Borgatti, S. P. "Knowing what we know: Supporting knowledge creation and sharing in social networks." *Organizational Dynamics*. 30 (2), 2001, 100－120.

［31］ Davenport, T. H., Marchand, D. A. "Is KM just good information management?" *Financial Post*. 7, 2001.

［32］ Davenport, T. H., Prusak, L. *Working Knowledge-How Organizations Manage What They Know*. Boston, MA: Harvard Business School Press, 1998.

［33］ De Sola Pool, I., Kochen, M. "Contacts and influence", *Social Networks*. 1 (1), 1979, 5-51. http://hdl. handle. net/2027. 42/23764.

［34］ Dempster, A., Laird, N., Rubin, D. "Maximum Likelihood from Incomplete Data via the EM Algorithm." *Journal of the Royal Statistical Society*, 1977.

［35］ Despres, C., Chanvel, D. *Knowledge Horizons: the Present and the Promise of Knowledge Management*. Butterworth-Heinemann, 2000.

［36］ Donangelo, R., Sneppen, K. "Cooperativity in a trading model with memory and production." *Physica*. A 316, 2002, 581-591.

［37］ Drucker, P. F. *Post-Capitalist Society*. New York: Harper Collins, 1993.

［38］ Euler, L. "Solutio problematis ad geometriam situs pertinentis." *Comment. Acad. Sci. U. Petrop.* 8, 1736, 128-140.

［39］ Farace, R. V., Monge, P. R., Russell, H. M. *Communicating and organizing*. Menlo Park, CA: Addison-Wesley, 1977.

［40］ Firestone, J. M., McElroy, M. W. *Key issues in The New Knowledge Management*. Butterworth-Heinemann, 2003.

［41］ Garey, M. R., Johnson, D. S., *Computers and Intractability: A Guide to the Theory of NP2 Completeness*. San Francisco: W. H. Freeman Publishers, 1979.

［42］ Gilbert, N., Pyka, A., Ahrweiler, P. "Innovation networks-a simulation approach." *Journal of Artificial Societies and Social Simulation*. 4 (3), 2001b.

［43］ Girvan, M., Newman M. E. J. "Community structure in social and biological networks." *Proc. Natl Acad*. 99, 2002, 7821-7826.

［44］ Goldberg, D. E., Holland J. H. "Genetic Algorithms and Machine Learning." *Machine Learning*. 3 (2-3), 1988, 95-99.

［45］ Goldberg, D., Nichols, D., Oki, B. M., Terry, D. "Using collaborative filtering to weave an information Tapestry." *Commun. ACM* 35 (12), 1992, 61 - 70.

[46] Golder, S. A., Huberman, B. A. "Usage patterns of collaborative tagging systems." *Journal of Information Science*. 32 (2), 2006, 198 - 208.

[47] Gore, A., Jr. "The metaphor of distributed intelligence." *Science*. 272, 1996, 177.

[48] Halpin, H., Robu, V., Shepherd, H. "The complex dynamics of collaborative tagging." *Proceedings of the 16th international conference on World Wide Web*. Banff, Alberta, Canada: ACM Press, 2007, 211 - 220.

[49] Halpin, H., Robu, V., Shepherd, H. "The complex dynamics of collaborative tagging." In *Proceedings of the 16th international conference on World Wide Web*. 2007.

[50] Hanneman, R. A., Riddle, M. *Introduction to social network methods*. Riverside, CA: University of California 2005.

[51] Harary, F., *Graph Theory*. Reading, MA: Addison-Wesley, 1994.

[52] Herlocker, J., Konstan, J., Borchers, A., Riedl, J. "An Algorithmic Framework for Performing Collaborative Filtering." In *Proceedings of the 1999 Conference on Research and Development in Information Retrieval*. 1999, 230 - 237.

[53] Hetheote, H. W. "The mathematics of infectious diseases." *SIAM Review*. 42, 2000, 599 - 653.

[54] Hidding, G. J., Catterall, S. M. "Anatomy of a Learning Organization: Turning Knowledge into Capital at Anderson." *Knowledge and Process Management*. 5 (1). 1998, 3 - 13.

[55] Hill, W., Stead, L., Rosenstein, M., and Furnas, G. "Recommending and Evaluating Choices in a Virtual Community of Use." In *Proceedings of CHI'95*. 1995.

[56] Holland, J. H. "Complex adaptive systems." In Metropolis, N., Rota, J. C. eds. *A new era in computation*. 1993, 17 - 30.

[57] 约翰·霍兰. 隐秩序——适应性造就复杂性. 周晓牧，韩晖译. 上海：上海科技教育出版社，2000.

［58］约翰·霍兰．涌现——从混沌到有序．陈禹等译．上海：上海科学技术出版社，2001.

［59］Hyatt，A.，Contractor，N.，Jones，P. M. "Computational organizational network modeling：Strategies and an example." *Computational and Mathematical Organizational Theory*. 4，1997，285－300.

［60］Jackson，M. O. "A Survey of Models of Network Formation：Stability and Efficiency." *California Institute of Technology*. WP1161，2003.

［61］Jeong，H.，Tombor，B.，Albert，R.，Oltvai，Z.，and Barabasi，A. L. "The large-scale organization of metabolic networks." *Nature*. 407，2000，651－653.

［62］Kilduff，M.，Tsai，W. *Social Networks and Organizations*. London：Sage，2003.

［63］Kumar，R.，Novak，J.，Tomkins，A. "Structure and evolution of online social networks." *Proceedings of 12th International Conference on Knowledge Discovery in Data Mining*. New York：ACM Press. 2006，611－617.

［64］Leicht，E. A.，Holme，P.，Newman，M. E. J. "Vertex Similarity in Networks." *Phys. Rev. E*. 73. 026120，2006.

［65］Lesser，E. L.，Storck，J. "Communities of Practice and Organizational Performance."，*IBM Systems Journal*. 40（4），2001，831－841.

［66］Li M.，Fan Y.，et al. "Weighted networks of scientific communication：the measurement and topological role of weight." *Phys. A* 350，2005，643－656.

［67］斯蒂文·小约翰．传播理论. 陈德民，叶晓辉译. 北京：中国社会科学出版社，1999.

［68］Liu Y.，Zhang S. R.，Fang M. Q. "Emergence Pattern Study on Technologies in Web2. 0 Era." In *Proceedings of the 7th IFIP conference on e-Business，e-Services and e-Society*. 2007.

［69］Lorrain，F.，White，H. "Structural Equivalence of Individuals in Social Networks." *Journal of Mathematical Sociology*. 1，1971，49－80.

［70］Manuel，C. *The Rise of the Network Society*. Oxford：Blackwell，1996.

［71］Maslov，S.，and Sneppen，K. "Specificity and stability in topology of protein networks." *Science*. 296 (5569), 2002, 910 - 913.

[72] Mathes, A. "Folksonomies: Cooperative Classification and Communication through Shared Metadata." http://www.adammathes.com/academic/computer-mediated-communication /folksonomies.html, 2004.

[73] McElroy, M. "Social Innovation Capital." *Journal of Intellectual Capital*. 3 (1), 2002, 30 -39.

[74] Milgram, S. "The small world problem." *Psychology Today*. 2, 1967, 60 - 67.

[75] Mitchell, J. C. "The Concept and Use of Social Networks." In Mitchell, J. C. ed. *Social Networks in Urban Situations*. Manchester: Manchester University Press H. C. White, 1963.

[76] Molloy M., Reed, B. "A Critical Point for Random Graphs with a Given Degree Sequence." *Random Structures and Algorithms*. 6, 1995, 161 - 180.

[77] Monge, P. R. "the Network Level of Analysis." In C. R. Berger and S. H. Chaffee, eds. *Handbook of Communication Science*. Newberry Park, Calif.: Sage 1987, 239 - 270.

[78] Monge, P. R., Contractor, N. S. *Theories of Communication Networks*. *New York*: Oxford University Press, 2003.

[79] Nadel, S. F. *The Theory of Social Structure*. New York, NY: Free Press, 1957.

[80] Newman, M. E. J. "The structure of scientific collaboration networks." *Proc. Natl. Acad. Sci. U. S. A.* 98, 2001, 404 - 409.

[81] Newman, M. E. J. "Assortative mixing in networks." *Phys. Rev. Lett.* 89, 2002, 208701.

[82] Newman, M. E. J. "The structure and function of complex net works." *SIAM Review* 42 (2), 2003, 167 - 256.

[83] Newman, M. E. J. "Why social networks are different from other types of networks." *Phy. Rev. E* 68, 2003, 036122.

[84] Newman, M. E. J. "Coauthorship networks and patterns of scientific collaboration." *Proc. Natl. Acad. Sci. USA* 101, 2004, 5200 -5205.

[85] Newman, M. E. J., Strogatz, S. H., Watts, D. J. "Random

graphs with arbitrary degree distributions and their applications." *Phys. Rev. E* 64, 026118, 2001.

[86] Nohria, N., Eccles, R. G. *Networks and organizations: structure, form, and action*. Boston: Harvard Business School Press, 1992.

[87] Nonaka, I., Konno, N. "The concept of BA': building a foundation for knowledge creation." *California Management Review*. 40 (3), 1998, 40 - 54.

[88] O'Reilly, T. "What Is Web 2.0: Design Patterns and Business Models for the Next Generation of Software." Published on http://www.oreillynet.com/pub/a/oreilly/tim/news/2005/09/30/what-is-web-20.html.

[89] Page, L., Brin, S., Motwani, R., Winograd, T. "The PageRank Citation Ranking: Bringing Order to the Web." *Stanford Digital Libraries Working Paper*. 1998. http://citeseer.ist.psu.edu/page98pagerank.html.

[90] Paolillo, J. C., Wright, E. "Social network analysis on the semantic web: Techniques and challenges for visualizing foaf." In V. Geroimenko & C. Chen Eds. *Visualizing the Semantic Web*. 2005, 229 - 242.

[91] Pastor-Satorras, R., and Vespignani, A. "Epidemics and immunization in scale-free networks." *Handbook of Graph and Networks*. Berlin: Wiley-VCH, 2003.

[92] Polanyi, M. *The tacit dimension*. New York: Doubleday, 1967.

[93] Press, W. H., Flannery, B. P., Teukolsky S. A., Vetterling W. T. *Numerical Recipes: The Art of Scientific Computing*. New York, NY: Cambridge University Press, 1986.

[94] Price, D. J. de S. "Networks of scientific papers." *Science*. 149, 1965, 510 - 515.

[95] Raghavan, P. "The Changing Face of Web Search." *Advances in Knowledge Discovery and Data Mining*. 2006, 11.

[96] Ravasz, E., Somera, A. L., Mongru, D. A., Oltvai, Z. N., Barab si, A. L. "Hierarchical organization of modularity in metabolic networks." *Science*. 297, 2002, 1551 - 1555.

[97] Resnick, P., Iacovou, N., Suchak, M., Bergstrom, P. and Riedl, J. "Grouplens: An Open Architecture for Collaborative Filtering of

Netnews." In *Proceedings of ACM CSCW'94 Conference on Computer-Supported Cooperative Work*. 1994, 175 - 186.

[98] Rosvall, M., Bergstrom, C. T. "Maps of Information Flow Reveal Community Structure In Complex Networks." *arXiv physics. soc-ph/* 0707.0609v1, 2007.

[99] Rosvall, M., Sneppen, K. "Modeling self-organization of communication and topology in social networks." *Phys. Rev. E* 74, 2006, 016108.

[100] Rosvall, M., Trusina, A., Minnhagen, P. and Sneppen, K. "Networks and cities: an information perspective." *Phys. Rev. Lett.* 94, 028701, 2005.

[101] Salton, G. *Automatic Text Processing: The Transformation, Analysis, and Retrieval of Information by Computer*. Reading, MA: Addison-Wesley, 1989.

[102] Sarwar, B. M., Karypis, G., Konstan, J. A., et al. "Analysis of recommendation algorithms for e-commerce." *proceedings of the ACM EC'00 Conference*. Minneapolis, MN., 2000, 158 - 167.

[103] Sarwar, B. M., Konstan, J. A., Borchers, A., Herlocker, J., Miller, B., Riedl, J. "Using filtering agents to improve prediction quality in the Grouplens research collaborative filtering system." In *Proceedings of* 1998 *Conference on Computer Supported Collaborative Work*. 1998, 345 - 354.

[104] Scott, J. P. *Social Network Analysis: A handbook*. Second edition, London: Sage. 2000.

[105] Seco, N., Veale T., Hayes J. "An Intrinsic Information Content Metric for Semantic Similarity in WordNet." In *the proceedings of ECAI'*2004, *the* 16*th European Conference on Artificial Intelligence*. Valencia, Spain, 2004.

[106] 沃纳·赛佛林，小詹姆斯·坦卡德．传播理论——起源、方法与应用．第4版，郭镇之等译．北京：华夏出版社，2001.

[107] Shardanand, U. and Maes, P. "Social Information Filtering: Algorithms for Automating 'Word of Mouth'." In *Proceedings of ACM CHI'95 Conference on Human Factors in Computing Systems*. 1995, 210 - 217.

[108] Simmel, G. "The number of members as determining the soci-

ological form of the group. I.", *American Journal of Sociology*. 8, 1902, 1 - 46.

[109] 亚当·斯密. 国富论. 唐日松译. 北京：华夏出版社，2005.

[110] Spencer, H. *The principles of psychology*. London: Longmans, 1855.

[111] Stephenson, K. "What Knowledge Tears Apart, Networks Make Whole." Reprinted from *Internal Communication Focus*. 36, 1998.

[112] Stewart, G. W. *Matrix algorithm* (Ⅱ). Philadelphia, PA: SIAM, 2001.

[113] Strogatz, S. H. "Exploring Complex Networks." *Nature*. 410, 2001, 268 - 276.

[114] Tsvetovat, M., Carley, K. M. "Modeling Complex Socio-technical Systems using Multi-Agent Simulation Methods." *Fachbeitrage*. 2, 2004, 23 -28.

[115] Tyler, J. R., Wilkinson, D. M., Huberman, B. A. "Email as spectroscopy: Automated discovery of community structure within organizations." In *Proceedings of the International Conference on Communities and Technologies*. Netherlands: Kluwer Academic Publishers, 2003, 81 96.

[116] Wasserman, S., Faust, K. *Social Network Analysis: Methods and Applications*. Cambridge, UK: Cambridge University Press, 1994.

[117] Watts, D. J. *Small worlds: the dynamics of networks between order and randomness*. Princeton University Press, 1999.

[118] Watts, D. J. "The new' science of networks." *Annual Review of Sociology*. 30, 2004, 243 - 270.

[119] Watts, D. J., Strogatz, S. H. "Collective dynamics of 'small-world' networks." *Nature*. 393, 1998, 440 - 442.

[120] Watts, D. J., Dodds, P. S., Newman, M. E. J. "Identity and search in social networks." *Science*. 296 (5571), 2002, 1302 - 1305.

[121] Wolf, J., Aggarwal, C., Wu, K. L., and Yu, P. "Horting Hatches an Egg: A New Graph-Theoretic Approach to Collaborative Filtering." In *Proceedings of ACM SIGMOD International Conference on Knowledge Discovery & Data Mining*. San Diego, CA, 1999.

[122] Zakharov, P. "Thermodynamic approach for community dis-

covering within the complex networks: LiveJournal study." *Physica. A* 5, 2007, 550-560.

[123] Zhang J., Ackerman, M. S., Adamic, L. "Expertise Networks in Online Communities: Structure and Algorithms." *Proceedings of the 16th international conference on World Wide Web*. 2007, 221-230.

[124] Zhou T., Ren J., Medo, M., Zhang, Y. C. "How to project a bipartite network?" *Physical Review. E* 76, 046115, 2007.

[125] Zins, C. "Conceptual approaches for defining data, information, and knowledge." *Journal of the American Society for Information Science and Technology*. 58 (4), 2007, 479-493.

[126] 陈禹．人类对于网络的认识的新发展．系统辩证学学报，2005 (4)：20-24.

[127] 陈禹．系统科学与方法概论．北京：中国人民大学出版社，2006.

[128] 方美琪．张树人．复杂系统建模与仿真．北京：人民大学出版社，2005.

[129] 李开复．最好的公司2008：预测与战略．财经（年刊），2007.

[130] 刘涛，陈忠，陈晓荣．复杂网络理论及其应用研究概述．系统工程．2005，23 (6)：1-7.

[131] 刘颖，陈禹．复杂适应系统理论对控制 SARS 疫情的模拟分析．复杂系统与复杂性科学．2004，1 (2)：74-79.

[132] 罗家德．社会网分析讲义．北京：社会科学文献出版社，2005.

[133] 苗东升．系统科学大学讲稿．北京：中国人民大学出版社，2007.

[134] 汪小帆，李翔，陈关荣．复杂网络——理论与应用．北京：清华大学出版社，2006.

[135] 王飞跃，史帝夫·兰森．从人工生命到人工社会——复杂社会系统研究的现状和展望．复杂系统与复杂性科学．2004，1 (1)：33-41.

[136] 吴金闪，狄增如．从统计物理学看复杂网络研究．物理学进展．2004 (1)：18-46.

[137] 许国志．系统科学．上海：上海科技教育出版社，2000.

[138] 余力，刘鲁．电子商务个性化推荐研究．电子商务集成制造系

统 . 2004，10（10）：1306－1313.

[139] 张国才编著．组织传播理论与实务．厦门：厦门大学出版社，2002.

[140] 张树人．从社会性软件、web2.0 到复杂适应信息系统研究．中国人民大学博士学位论文，2006.

[141] 周光召．复杂适应系统和社会发展．2002，http：//www.bjkp.gov.cn/kjbgt/ k20841－01.htm.

[142] 周涛，柏文洁，汪秉宏，刘之景，严钢. 复杂网络研究概述．物理．2005，34（1）：31－36.

[143] 朱江，伍聪．基于 Agent 的计算机建模平台的比较研究．系统工程学报．2005，20（2）：160－166.

[144] 左美云. 国内外企业知识管理研究综述．知识经济．2001（8）：31－37.

# 致　　谢

本书改编自作者 2008 年完成的博士论文。在中国人民大学求学的十年是我人生中一段宝贵的经历，难忘的岁月。一路走来，我能感觉到自己在学业、思想上的逐步成熟，这其中每一点小小的进步都有太多的人需要感谢。

首先要感谢我的博士阶段导师方美琪教授几年来的悉心教诲，她引导了我的研究兴趣，并为我创造了宽松的研究条件和学术氛围；她对工作的热情，对生活的积极乐观，以及开朗豁达的态度，为我做出了表率。我还特别感谢我的硕士阶段导师陈禹教授，从本科毕业设计选题开始，陈老师一步步将我引入复杂系统、计算机建模研究这个充满挑战和活力的领域，他广博的学识、儒雅的学者风范、敏锐的学术洞察力和深邃的见解，令我受益匪浅。两位老师博大的胸怀和严谨的学术态度，使我深深受益，他们为我提供了很多机会，让我有幸与许多不同学科背景的专家建立联系，参与到一些国际合作研究项目和国家基金项目当中。我非常感激他们给我提供的这些机会，在此过程中，我真正发现了我的研究兴趣，明确了人生追求的方向，体会到学术领域的艰辛和幸福。正是在他们的支持和帮助下，我的博士论文以及这本书才能得以完成，在此向他们表示深深的敬意和由衷的感谢！

我还要特别感谢中国人民大学社会学系沙莲香教授，自从 2003 年

SARS 时期参加了沙老师指导的合作项目开始，沙老师为我提供了很多参与课题的机会。沙老师开阔的眼界、严谨的治学态度、不倦的学术追求，鞭策着我不断进步。她的言传身教如同春风化雨，每次与她交谈都会感到心情愉快，收获颇多。

最后，我还要感谢我在中国人民大学经济科学实验室学习工作的同学，在他们的热情支持下，我在复杂网络兴趣小组的组建和历次活动中得到了很多收获。感谢我现在所在的北京邮电大学人文学院的同事们，他们的鼓励和帮助让我能不断前进。李君、刘伟玲、刘兴坤、李军、王建昌、王小芽校对了书稿，在此表示感谢。还要感谢中国人民大学出版社的编辑，没有他们的帮助，就不可能有本书的出版。

向所有关心、帮助、鼓励过我的人表示衷心的感谢！